浑河下游航空摄影考古报告

中国国家博物馆 内蒙古自治区文物考古研究所 编著

文物出版社

装帧设计：李　丽
责任印制：梁秋卉
英文翻译：丁晓雷
责任编辑：李媛媛　杨新改

图书在版编目（ＣＩＰ）数据

浑河下游航空摄影考古报告／中国国家博物馆，内蒙古自治区文物考古研究所编著．－－　北京：文物出版社，2012.7
ISBN 978-7-5010-3490-1

Ⅰ．①浑… Ⅱ．①中… ②内… Ⅲ．①航空摄影－应用－浑河－下游－考古发现－研究报告 Ⅳ．①K872.26

中国版本图书馆CIP数据核字(2012)第144193号

浑河下游航空摄影考古报告

编　　著：中 国 国 家 博 物 馆
　　　　　内蒙古自治区文物考古研究所

出版发行：文物出版社
地　　址：北京东直门内北小街2号楼
邮政编码：100007
网　　址：http://www.wenwu.com
邮　　箱：web@wenwu.com
经　　销：新华书店
印　　刷：北京盛天行健印刷有限公司
开　　本：889×1194　1/16
印　　张：13.5
版　　次：2012年7月第1版
印　　次：2012年7月第1次印刷
书　　号：ISBN 978-7-5010-3490-1
定　　价：360.00元

THE REPORT OF THE AERIAL PHOTOGRAPHIC ARCHAEOLOGY IN THE LOWER REACH OF HUNHE RIVER

▲National Museum of China
▲Inner Mongolia Institute of Cultural Relics and Archaeology

Cultural Relics Press

目 录

前　言

区域考古调查亦称全覆盖式调查，是从西方发展起来的一种密集拉网式田野考古调查研究方法。20世纪40年代，美国学者戈登·威利在秘鲁维鲁河谷的聚落考古研究中首先采用了区域系统调查的方式，开创了聚落考古研究的先河。与以往的考古调查相比，区域考古调查更加关注区域内不同时期人类文化、生业与环境的相互作用和关系，人们在不同时期适应自然、利用自然和改造自然的过程。在区域性考古调查中往往能解决单个遗址无法反映出来的关于不同时期聚落遗址的分布、人口密度、土地和资源利用、聚落之间的社会组织关系等诸多问题。

20世纪90年代，区域考古调查在我国得以实践。迄今为止，我国的考古研究机构或独立完成，或与国外大学和考古研究机构合作，在诸多地区进行了关于农业起源、文明起源、生业变迁、环境考古等领域的考古调查研究，取得了许多积极的成果。如中国社会科学院考古研究所与美国明尼苏达大学考古实验室、华盛顿大学考古与艺术学系1997～1999年合作进行的"河南洹河流域区域考古调查"，重点了解从史前时代到东周时期，人类在这一区域的社会复杂化过程，以及人类与环境的关系。而由中外多家单位合作在内蒙古赤峰地区开展的长达6年的区域性考古调查，在半支箭河中游和英金河流域发现了极为丰富的先秦遗址，并尝试利用调查资料进行人口水平分析。滕铭予还以调查资料为基础，分析了赤峰地区人类与环境相互作用的关系，从地理信息系统角度分析了各时期人类文化对土壤等资源的开发和利用①。

在区域考古的实践中，张忠培先生提出联合陕西、山西和内蒙古自治区三省区的力量，对河套地区先秦两汉时期的人类文化、生业与环境进行系统而深入的研究。就内蒙古地区而言，内蒙古中南部拥有丰富的先秦两汉时期历史文化遗存。早在3.5万年前，就存在以渔猎和采集为主要生活手段的古人类活动，如著名的鄂尔多斯"河套人"。进入新石器时代，这一区域人类活动更加频繁，河流两岸的丘陵山地上留下了很多这一时期人类活动的遗迹。白泥窑子、岔河口环壕聚落、后城嘴大型龙山文化石城等遗址表明，在距今6000～3000年以前，从仰韶文化至龙山文化的漫长时期内，这里的人类创造了丰富的农业文化，文化面貌与黄河流域同时期文化存在诸多联系，并与中原史前文化的发展基本同步，且对周围地区同时期文化产生了诸多的影响。夏商时期，该地的朱开沟文化与中原商文明之间存在诸多联系，并与陕北、晋北的鬼方、土方等文化有着紧密的联系。西周时期，这一地区突然成为一个文化遗存的荒漠地带，后来西岔遗址和西麻青遗存的发现弥补了这一地区文化断层。

①滕铭予：《GIS支持下的赤峰地区环境考古研究》，科学出版社，2009年。

春秋时期，本地区为魏国上郡和赵国云中郡管辖，公元前328年，魏被秦战败，割让上郡给秦，称之"河南地"，后又被林胡、楼烦等早期游牧民族占据。公元前301年赵武灵王沿大青山南麓修筑长城，置云中、雁门、代郡。战国后期，这一地区被秦国占领。秦始皇统一六国后，分天下为36郡，本地区属云中郡管辖。汉高祖六年（公元前201年），分云中郡东北置定襄郡；汉武帝元朔四年（公元前125年），匈奴进占代郡、定襄郡。元朔六年，卫青率军收复定襄郡。王莽篡权后，为控制北方领土，将云中郡改为受降郡，西河郡改为新归郡，管理投降的匈奴人。东汉时期，南匈奴呼韩单于归汉，汉在美稷设单于庭，为南匈奴政治、经济中心。东汉光武帝建武二十六年（公元50年），南匈奴部众居云中等地，东汉令云中、定襄居民内迁，在这里留下了丰富的汉文化的遗址和墓葬。这些丰富的先秦两汉时期的遗存，为本地区开展区域考古调查提供了坚实的基础。

此外，内蒙古中南部地区位于西部区黄河一曲，地处中国北方季风区的尾闾，是东南季风、西南季风和西风环流交互影响的地区，气候变化极其敏感，生态环境极为脆弱，而在这里生活的古代先民在适应环境下造就了丰富多样的生业文化。一直以来，内蒙古中南部地区就是内蒙古地区考古发掘和研究的重要区域，尤其是先秦时期考古学文化的重要分布区域。从20世纪开始，这里陆续发现了诸多史前和先秦时期的重要遗址，如白泥窑子、庄窝坪、后城咀、岔河口、官地、鲁家坡、寨子塔、寨子圪旦等，基本建立了完整的史前文化序列。20世纪七八十年代朱开沟遗址的发掘，开始了对本地区早期青铜时代文化的探究，对朱开沟文化的地域分布和文化源流的探索，又提出了诸多需要解决的问题。1997~2004年西岔遗址的发掘，填补了这一区域商末周初考古学文化的空白。春秋战国时期，这里的考古发现更是丰富多样，既有大型的属于赵文化的战国城址及其他战国遗址，也有中原文化的战国墓葬，另外还发现有属于北方游牧民族的阳畔墓地、西咀墓地，这些错综复杂的文化面貌使得这一地区的重要性大大加强。两汉时期，这里是大汉王朝与匈奴长期征战、不断北上和南下过程中的文化交错地带，除了数量众多的汉代遗址、墓葬外，还发现了姑姑庵墓地等极具游牧色彩的墓葬。

浑河下游地处内蒙古自治区中南部，区域内有黄河、浑河、清水河三级河流，形成了一处独特的地理单元。2004~2005年，内蒙古自治区文物考古研究所在浑河下游280平方公里的范围进行了拉网式区域考古调查，共发现先秦两汉时期遗址点367处，大大丰富了这一地区的考古学文化内涵。通过对不同时期遗址的数量、海拔高度、遗址面积、地理环境的分析，对调查区域内不同时期人类文化的分布特点、土地和资源的开发利用、适应自然和改造自然的能力的变化进行了分析和探讨。通过对同时期遗址的分布、遗址面积的分析，探讨了遗址之间的社会组织、等级关系等问题。

针对浑河下游区域考古调查的发现和研究现状，2009年，中国国家博物馆遥感与航空摄影考古中心计划在区域性地面考古调查的基础上进行一次区域性航空考古勘察。与以往航空摄影考古不同的是，此次工作是对浑河下游地区的全覆盖式勘察，是区域性航空摄影考古的首次尝试。目的是增加区域考古的新方法，进一步拓展区域考古研究的广度和深度。2010年，浑河下游航空摄影考古勘察工作顺利完成。与地面考古调查不同，航空考古可以从宏观角度观察遗址点的分布情况，对不同时期人类遗址的地理环境有了直观的了解，如一些大型石城的布局、与周边环境的关系等，从而了解当时人类在遗址、城址内的生活、交通以及对周边遗址的控制范围等情况。

总之，此次浑河下游航空摄影考古勘察的实践表明，区域性航空考古勘察与区域性地面考古调查的结合，可以为区域考古调查提供大量、直观的影像资料，为区域考古调查和研究开创新的思路和方向。而这样结合的研究成果可以直观而生动地再现浑河下游乃至内蒙古中南部地区人类生业发展与环境变迁的历程。从另一角度讲，也可以为现在、将来本地区人类与环境的关系、未来采取何种发展模式等提供借鉴。

浑河下游区域性航空摄影考古的主要收获

雷生霖／曹建恩

一、中国航空摄影考古的简要历程

顾名思义，航空摄影考古就是以航空拍照的方法对考古遗迹等进行研究。早在第一次世界大战期间，英、法、德等国出于军事目的拍摄了大量的航空照片，其中有不少涉及古代遗址的航片被后人用于考古学研究之中，成为航空摄影考古的开端。20 世纪 20 年代，英国考古学家克劳福德系统总结了航空摄影考古的理论并付诸实施，使得航空摄影考古成为一门独立的学科。30 年代，欧洲学者在欧洲、亚洲、非洲的一些地区进行了大量的航空考古实践，并积累了丰富的经验，使得航空考古日趋成熟。70 年代初期，美国率先将宇航遥感技术应用于考古学的研究工作中。20 世纪 80 年代以后，航空考古广泛吸收和融汇了航空技术、宇航遥感、地球物理勘探测量、电子计算机图像数据处理、地理信息系统等科技领域的新成果，进入了飞跃发展的新阶段。

中国的航空摄影考古始于 20 世纪 30 年代，两位德国飞行员在执行飞行任务时所拍摄的一些风景照片中，涉及包括长城，南京、北京、西安、郑州、洛阳、银川、兰州等地的古城址及陕西和河南巩县等地的帝陵在内的诸多重要文化古迹和陵墓，其中 170 多张倾斜拍摄的航空照片得以发表出版。以此为始，其后利用热气球或其他手段在空中获得遗址高空照片在田野考古工作中颇为流行，继而部分文物保护机构和考古研究部门相互合作，以航空摄影与航空遥感技术为基础，利用红外线彩色摄影和热红外扫描等诸多技术手段对重要遗址进行航空和遥感勘察。

1996 年，在文化部、国家文物局的支持下，中国历史博物馆成立了中国唯一的航空摄影考古专门机构——航空摄影考古工作小组，并对河南二里头遗址、偃师商城、汉魏故城、隋唐东都城、邙山古墓群、巩县宋陵等大型遗址进行了航空摄影勘察，这是我国首次开展的大规模航空考古工作，也是将欧洲的航空考古方法与中国国情相结合进行的一次实验性的实践。1997 年，中国历史博物馆航空摄影考古工作小组扩建为中国历史博物馆遥感与航空摄影考古中心，并于同年与内蒙古自治区文物考古研究所合作，在内蒙古东南部地区开展了更为广泛的航空考古工作，对辽上京、辽中京、祖陵、祖州城、庆陵、庆州城、元应昌路、元上都、金边堡等城址、陵墓和军事防御设施等进行了大规模的航空勘察，并出版了《内蒙古东南部航空摄影考古报告》，成为我国航空考古研究趋向成熟的一个标志。2005 年，中国国家博物馆遥感与航空摄影考古中心再次与内蒙古自治区文物考古研究所合作，对内蒙古西部地区的居延古城、边堡和烽燧等遗迹进行航空摄影考古工作，发现了诸多以往未曾发现的新遗存。

2010 年，中国国家博物馆遥感与航空摄影考古中心和内蒙古自治区文物考古研究所再次合作，对浑河下游地区进行了一次全方位的航空考古工作，首次运用无人机低空航测遥感系统更为细致、全面、精确地采集了航拍区域信息，并综合运用 3D 成像、等距测绘、数字化地图生成、点面系统测量等新技术、新成果，获得了一批最新、最为全面的研究资料。

二、浑河下游地区航空考古工作背景及实施过程

2004～2005年，为配合国家文物局重点科研项目"河套地区先秦两汉时期人类文化、生业与环境"课题研究，内蒙古自治区文物考古研究所对清水河县境内的浑河下游地区及邻近的黄河两岸约280平方公里区域进行了一次大规模、地毯式的区域性考古调查工作（图一），共计发现各类遗址点367处，其中绝大多数遗址时代是从仰韶文化早期延续至两汉时期，个别遗址时代为辽金、明清时期。此次考古调查以文字、照片、图纸等形式记录下了遗址的地理位置、周边环境、遗址保存状况、遗迹遗物和时代信息，获得了一批详尽而科学的调查资料，为研究本地区生态环境的变迁、生业的转化历程、聚落形态的发展、社会结构的变化等多方面提供了基础资料。

针对区域考古调查获得的丰富资料，中国国家博物馆遥感与航空摄影考古中心和内蒙古自治区文物考古研究所希望将这一区域地面考古调查的研究进一步深化，在翔实的地面调查工作基础上，从航空考古的角度进行一次全方位的勘察。

2009年年底，中国国家博物馆与内蒙古自治区文物考古研究所的相关人员针对这次航空考古项目的目的、技术手段、实施步骤等进行了沟通，并制定了详细的计划。项目的主旨在于将航空考古和地面踏查资料相结合，突破地面踏查的局限性，发挥航空考古的优势。拟将立体影像和成图软件应用于此次航空考古中，借助航空影像区域立体快速解译系统（TOPStereo），成功实现对大范围多航带立体模型的整体连接，将"立体测图"技术演变成为一种新型的、客观真实的地形展示技术，从而满足项目组对真实三维地理数据的强烈需求。

2010年7月，浑河下游地区航空考古项目正式启动，合作双方委托中测新图（北京）遥感技术有限公司对调查区域进行航空飞行，飞行作业中使用的无人机低空航测遥感系统亦是在内蒙古地区考古工作中首次使用。

2010年8月至年底，对航拍所获航片进行系统整理并编入数据库，利用航空影像区域立体快速解译系统，成功实现了对调查区域内多航带立体模型的整体拼接。

图一　区域性考古调查地理位置示意图

总体来讲，浑河地区航空考古顺利地完成了 1：2000 成图比例尺的数字航空摄影任务，成功实现和建立了连续立体模型观测解译系统。项目的圆满完成，证明了无人机低空数码遥感系统在航空考古上的可操作性，开启了无人机运用于考古工作的新篇章。

2011 年 3 ～ 5 月，将整理好的影像资料与地面调查资料进行对校、核实，并对其进行进一步的分析与汇总。挑选部分典型遗址的航空照片进行观察、分析，寻找新的迹象，完善地面调查的不足。利用 3D 成像技术对遗址面积、高差、坡度、承载体积等进行复核，结合地面调查数据，对聚落群（遗址）分布规律、遗址间等级关系、不同时期遗址更迭规律进行整体分析。此外，还将 20 世纪 70 年代本区域卫星照片与本次航拍照片进行重点遗址的详细比对，分析遗址的变化情况，借以辨明人为或自然因素对遗址的破坏。

2011 年 6 ～ 8 月，完成本报告的编写工作。

三、调查区域的自然环境

本次航空考古勘察范围涉及呼和浩特市清水河县、东胜市（原伊克昭盟）准格尔旗等行政区域。该区域内涉及的水系有黄河、浑河、清水河等。黄河由北向南纵贯调查区域，将调查区域分为东西两部分，其中黄河西岸部分位于准格尔旗境内、黄河东岸部分位于清水河县境内。黄河东岸的调查区域又依浑河大体分为浑河南岸和浑河北岸两部分。

1. 地形和土壤类型

清水河县位于内蒙古自治区中部，属呼和浩特市管辖。地理坐标位于东经 111° 18′ 45″ ～ 112° 07′ 30″、北纬 39° 35′ 00″ ～ 40° 12′ 30″ 之间。东南以长城为界，与山西省右玉、平鲁、偏关三县毗邻；西以黄河为界，与准格尔旗隔河相望；北临古勒半几河与和林格尔县相连；西北与托克托县交界。县境内以丘陵山地为多，河谷滩地极少。

调查区域内的地形大体可分为三种。一为低缓丘陵区，主要分布在清水河县以北的喇嘛湾、王桂窑、五良太一带，海拔高度 1000 ～ 1200 米，地质构造属山间飘陷地带。由于风力作用，准格尔流沙隔河东移，形成西起喇嘛湾经王桂窑东至五良太的一条大沙带，较大沙滩存有十余处。二为丘陵沟壑区，主要分布于小庙子、窑沟、小缸房大部分地区和单台子部分地区，该区域黄土覆盖层明显加厚，最深达 100 米左右。海拔 1300 ～ 1400 米，山顶浑圆，斜坡多为"凸"字形，坡角在 10° ～ 20° 之间。三为冲积平原区，主要分布在清水河、浑河、古勒半几河、黄河等河谷及山间沟谷洼地中。谷宽 500 ～ 1000 米，断面呈"U"字形或"V"字形，多为东北—西南或近东西向分布。沟谷的上游多堆积有沙、沙砾石；下游谷底基岩裸露，由第四纪全新世洪积的细粉沙、沙砾石层组成。

准格尔旗位于内蒙古西南部、鄂尔多斯高原东部，介于东经 110° 05′ ～ 111° 27′、北纬 39° 16′ ～ 40° 20′ 之间，隶属于东胜市。其北部、东部及东南部为黄河所环抱，沿河由北向南分别与土默特右旗、托克托县、清水河县及山西省偏关县、河曲县隔河相望；南部与陕西省府谷县接壤；西部自南向北依次与伊金霍洛旗、东胜市、达拉特旗毗邻，是内蒙古自治区与山西、陕西两省连接之地。

准格尔旗境内南北长 116.5 公里，东西宽约 115.2 公里，总面积达 7692 平方公里。其中沙漠区占地 900 平方公里，沿河平坦地占地 578 平方公里，其余的 6214 平方公里主要分布大小不等的众多丘陵沟壑。旗内大部分地区沟谷发育、沟网纵横密布，地表被切割得支离破碎；沟川河谷大部分由西北向东南注入黄河，河床比降由北向南逐步增大，"脊梁"以北地区的部分河川径流北向注入黄河。根据南北地貌的差异可以将准格尔旗全境划分为黄河南岸平原区、北部库布其沙漠区、中部丘陵沟壑区、南部黄土丘陵沟壑区四个地貌单元。本次航空考古所涉及的仅是准格尔旗东南部沿黄河处的极小区域，为典型的黄土丘陵沟壑区，与清水河县境内调查范围的地形基本相同（图二）。

2. 地表植被

本次航空考古所涉及区域的植被类型基本接近，可分为三类：一为丘陵干旱草原植被，主要分布于除喇嘛湾、五良太、王桂窑等地外的其余大部分地区，海拔在 1200 米以上，属于百里香、本氏针茅杂草类和人工灌木群落。主要建群种有百里香、本氏针茅、羊草、隐子草、紫花苜蓿、狗娃花、胡枝子、多叶刺豆等。总覆盖度 18%，基本覆盖度 6%，草高 3 ~ 20 厘米。这一带土壤基本为栗钙土。二为沙丘沙地草原植被，分布于喇嘛湾、五良太、王桂窑等地的沙丘和沙带之上，海拔 1000 米以上，植被属柠条灌木、沙蒿、猫头刺等植物群落。人工灌木林主要为柠条，由于受柠条灌木丛落的阻挡，在群落附近常可形成固定或半固定式沙滩。三为低温地草甸草原植被，分布于浑河、清水河、古勒半几河等几大水系的沟谷阶地、丘间洼地，属非地带性植被，主要建群种有寸草、羊草、芦苇、蒲草、车前子、蒲公英等。在低洼盐渍地上生长着盐生植物，建群种有盐蓬等。土壤发育为草甸栗钙土、沼泽土、盐土等。

3. 水系

调查区域主要属黄河水系，除黄河干流外，还有其支流浑河及浑河支流清水河。

黄河由喇嘛湾小石窑入境，南至单台子阎王鼻子出境，由北向南纵贯清水河县西部，流经县境 65 公里。河面宽 200 ~ 300 米，水位变化较大，两岸沟谷密布，多于河口处形成高达数 10 米的悬谷，构成羽状（或梳状）排列的平面格局。

浑河为黄河支流，发源于山西省平鲁县郭家天乡料八山，向东流至郑家营，转北经杀虎口入和林格尔县境，向西北至三十二村，再转西南经新店子、大红城入清水河县境，至王桂窑

图二　调查区域地形地貌图

乡于岔河口汇入黄河。浑河全长 219.4 公里，流经清水河县境部分 32 余公里。浑河流经黄土丘陵与土石山区，河道特点为川峡相间的葫芦形河谷。浑河水位、流量随季节变化而变化，为县境北部区域地表水系和地下水系的局部排泄带。

清水河为浑河支流，发源于山西省平鲁县西北 20 公里大头山下的大咀沟。由盆地青乡入境，贯穿清水河县境中部，自东南向西北经西咀子至岔河口与浑河汇合，再西入黄河。县境内全长 51.5 公里，河道比降 7.71‰，河面宽 30 ~ 50 米。水位季节性变化大，含沙量小，阶地发育。

四、调查区域的考古学文化序列

浑河下游地区区域性考古调查于 2004 ~ 2005 年两年间完成，项目组对调查区域进行了详尽的地面踏查、绘图、拍摄、测绘、遗物采集和个别遗址点的抢救性发掘工作。之后，又连续数年对区域内重点地区进行了有选择性的复查、测绘和重点遗址点的试掘工作。在所调查的 280 平方公里区域范围内，共发现遗址点 367 处，包括单纯型遗址 110 处、复合型遗址 257 处，其中发现官地一期遗存 19 处、鲁家坡一期遗存 63 处、庙子沟文化遗存 168 处、阿善三期文化遗存 98 处、永兴店文化遗存 76 处、朱开沟文化遗存 111 处、战国时期遗存 168 处、汉代遗存 101 处。另外，亦见有辽、金、元、明、清时期的诸多遗址、墓葬及明清时期的长城、烽燧等建筑遗迹。由此可见，这一地区自古以来便是人类活动较为频繁的区域之一，并创造了诸多的古代文明。

浑河下游地区先秦两汉时期文化遗存十分丰富，自仰韶文化早期至两汉时期，文化继承和发展的序列基本完整。依据考古学文化内涵的差异，可将之分为以下几段：

第一段：官地一期遗存，相当于仰韶早期。这一阶段多见成组的红褐色窄条纹彩陶，器类主要见有饰绳纹、弦纹或二者皆施的敛口罐、敛口瓮，饰弦纹或素面的窄沿盆、素面敞口或直口钵、红顶钵、折唇小口壶、矮领双耳壶和尖底罐等。调查范围内的典型遗址有 020 和 044 号等。

第二段：鲁家坡一期遗存，相当于仰韶中期。本区域内发掘的遗址有鲁家坡、官地、庄窝坪、后城咀、白草塔和白泥窑子 A、K、C、J 地点遗存。典型器物有绳纹折沿罐、敛口瓮、盆、素面或口沿外饰黑彩带的微敛口或直口平底钵、环形小口尖底瓶和火种炉等。调查范围内典型遗址有 001、002、021、148 号等。

第三段：庙子沟文化，相当于仰韶晚期。本区域发掘的遗址有鲁家坡、南壕、阿善、白泥窑子 K 地点、白草塔、周家壕、寨子上等。典型器形有小口双耳罐、侈口绳纹罐、直口筒形罐、喇叭口小口尖底瓶、直口或敞口折腹钵、敛口曲腹钵等。彩陶多以三角形、圆圈纹、鳞纹、绞索纹、菱形纹、平行线纹等组成的繁缛复杂的复合图案为装饰，内彩发达，至晚期阶段彩陶逐渐消失。本区域典型遗址有 001、020 和 061 号等。从遗址分布图可见，调查区域内庙子沟文化遗址点数量最多，且多沿河分布（图三）。

第四段：阿善三期文化，相当于仰韶晚期—龙山早期过渡阶段。浑河及黄河两岸地区已发掘的同时期遗址有阿善、小沙湾、西园、寨子塔等遗址。此阶段盛行横向篮纹，偶见潦草的红色彩陶或彩绘。典型器物有篮纹鼓肩或折肩罐、高领罐、小口壶、折腹盆、斜腹盆、敛口曲腹钵、豆、器颈部或口沿外施多周附加堆纹的直壁缸、大口瓮、敛口瓮等。调查区域内典型遗址有 064、090、201、225 号等。

第五段：永兴店文化，相当于龙山晚期。发掘的遗址有永兴店、二里半、朱开沟、寨子塔、洪水沟、后城咀、庄窝坪、寨子上、大口等。此时期广泛流行右斜篮纹，并多见绳纹。典型器物有绳纹罐、篮纹罐、高领罐、直壁缸、大口瓮、敛口瓮、大口尊、高领尊、曲腹盆、斜腹盆、敛口钵、折盘豆、弧盘豆、单耳罐、双耳罐等，而鬶式鬲、甗、盉、双錾肥袋足鬲和单把鬲则等更具代表性。调查区域内典型遗址有 103、278、351 号等。

此外，永兴店文化在调查区域内整体分布极具特点，虽然遗址点数量不多，但多以石城为中心，即小型聚落遗址环聚于大、中型石城四周，形成聚落群（图四）。

第六段：朱开沟文化，相当于夏商时期。本区域发掘的遗址有朱开沟、南壕、高家坪、西岔、官地、寨子塔等。典型器物有侈沿鬲、曲领鬲、蛇纹鬲、花边口沿罐、盆形甗、三足瓮、弧腹盆、直领罐等。调查区域内典型遗址有 019、148、253 号等。

第七段：春秋战国时期。此阶段发掘的遗址较少，多以墓地为主。区域内发掘的同时期遗存主要见有二里半战国遗址和墓葬。虽然目前通过对墓地内出土器物的类型学研究可将春秋与

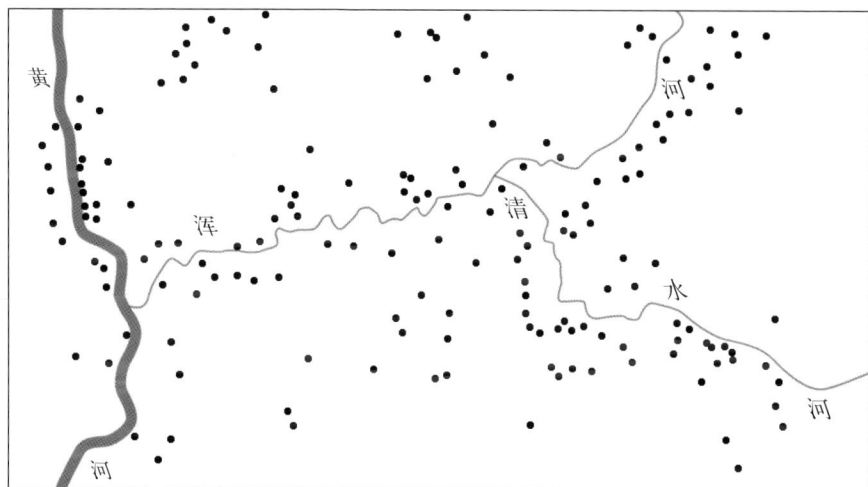

图三　庙子沟文化遗址分布示意图

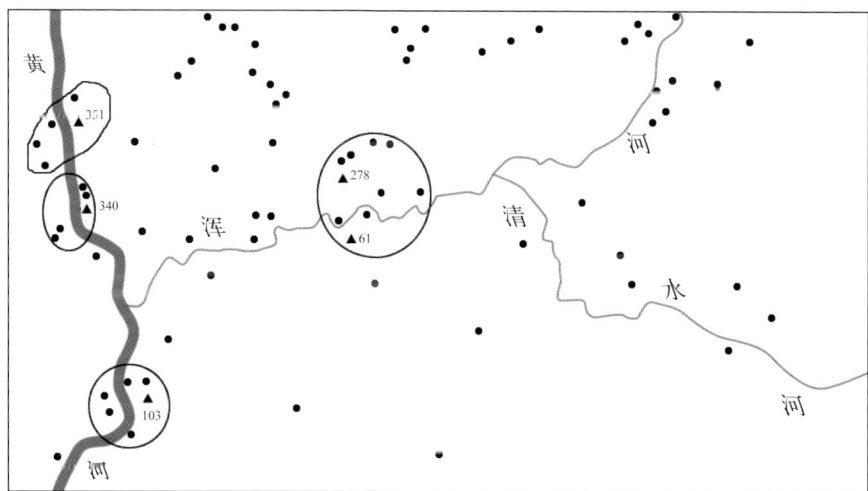

图四　永兴店文化遗址分布示意图

注：图中数字为遗址编号，如"278"与后文中"05-278"为同一遗址（"05"表示调查时间为2005年）

战国阶段划分开来，但由于调查遗址均未经过发掘，难以划分，故将这一阶段统称为战国。调查区域内的 101 号城咀遗址（城址）为本区域内最具代表性的战国遗址（城址），并发现有晋文化的遗存。此外，亦发现一批诸如 126 号刘四窑子遗址这样具有浓厚游牧文化色彩的墓地。上述发现表明这一阶段本区域文化内涵和因素错综复杂。

第八段：汉代。由于调查资料仅限于陶片，难以区分西汉与东汉，故统称为汉代。042、087、126 号遗址为本区域典型遗址。

由以上八段考古学文化遗存分析，浑河下游地区考古学文化序列与整个内蒙古中南部地区考古学文化序列略存差异，即朱开沟文化之前的大口二期遗存不见于调查区域内；之后的西岔文化、西麻青一类遗存等亦不见于本调查区域内。虽然本次地面调查在时间框架及考古学文化谱系构建中并未对内蒙古中南部地区固有的文化序列有新的增补，但新发现的一批龙山石城和战国时期遗址（城址），为研究本地区的聚落形态、社会结构、生业变迁方面提供了新的材料。

五、航空视角下的聚落形态

1. 不同时期遗址的分布及聚落形态的特点

依据浑河下游地区航空考古所获调查区域全幅立体影像图分析，官地一期的 19 处遗存多集中于浑河、黄河和清水河沿岸，且浑河北岸远离河流的几处遗址亦选择在一条与黄河相通的大沟台地之上。鲁家坡一期遗存明显增加，遗址点亦主要分布于沿河较近的台地之上，尤其集中在浑河北岸每一个河流小拐弯处的台地之上，部分远离河流的遗址主要分布于浑河北岸，且多两三处集中分布，而浑河南岸远离河流的遗址点则相对较少且分布零散，多两两出现。庙子沟文化时期遗址点数量急剧增加，但大多还是集中分布于浑河两岸，而远离河流的遗址则仍旧呈现浑河北岸多于南岸的特点。进入阿善三期文化阶段，遗址点数量明显减少，除分布于河流两岸的遗址略显集中外，远离河流分布的遗址点则明显分散，此外，这一阶段在河流两岸出现了一批不同于一般聚落的石城遗址，但石城与周边同时期聚落的关系不甚清晰，推测其还未脱离一般聚落形态成为中心聚落遗址。

永兴店文化时期，遗址虽然还是靠近河流两岸分布，但已明显呈聚集状分布态势。此外，黄河沿岸发现了三处以石城为中心的聚落群，其中以 351 号石城为中心构建了一处较大的遗址群；以 340 号石城和 103 号石城为中心则构建了相对较小的遗址群；而浑河沿岸以 278—061 号石城为中心的遗址群是区域内发现的最大一处遗址群，推测可能为中心聚落群。其余由三五个小遗址组成的小型聚落群多分散于浑河北岸，浑河南岸和清水河沿岸遗址点则较少且分布较为零散。

图五显示，在以区域内最大石城——278 号石城为中心的中心聚落群的周围及浑河北岸分布的几处遗址群皆呈内聚式分布，其间明显存在一片空白区域，推测可能是中心聚落群与聚落群之间共同控制的地带。

朱开沟文化时期，遗址仍然呈现遗址临近河流两岸分布的规律，但遗址点多依河岸呈一字排开，遗址群聚形态不甚清晰，与永兴店文化时期的聚落群形态存在明显差异。

战国时期靠近河流两岸分布的遗址点仍旧较为密集，但远离河流分布的遗址数量明显增加，其聚落形态明显显现出远离河流的发展态势，尤其是浑河南岸较前期文化而言，远离河流分布的趋势愈发明显。位于浑河南岸的101号遗址是调查区域内最大的一座战国城址，其与周边诸多小型战国遗址构成了本地区最大的战国遗址群。从航片观察，101号战国古城的地形十分特殊，西邻黄河、南北两侧皆为大型冲沟、东侧大部分也被冲沟所环绕，仅在古城东南部存有一狭窄的出入口与邻近的几个战国遗址相连。101号古城独特的地理位置可将其与周边同时期的遗址紧密相连（图六），外可共同防御，内可共同发展，进而形成本地区最大的利益化

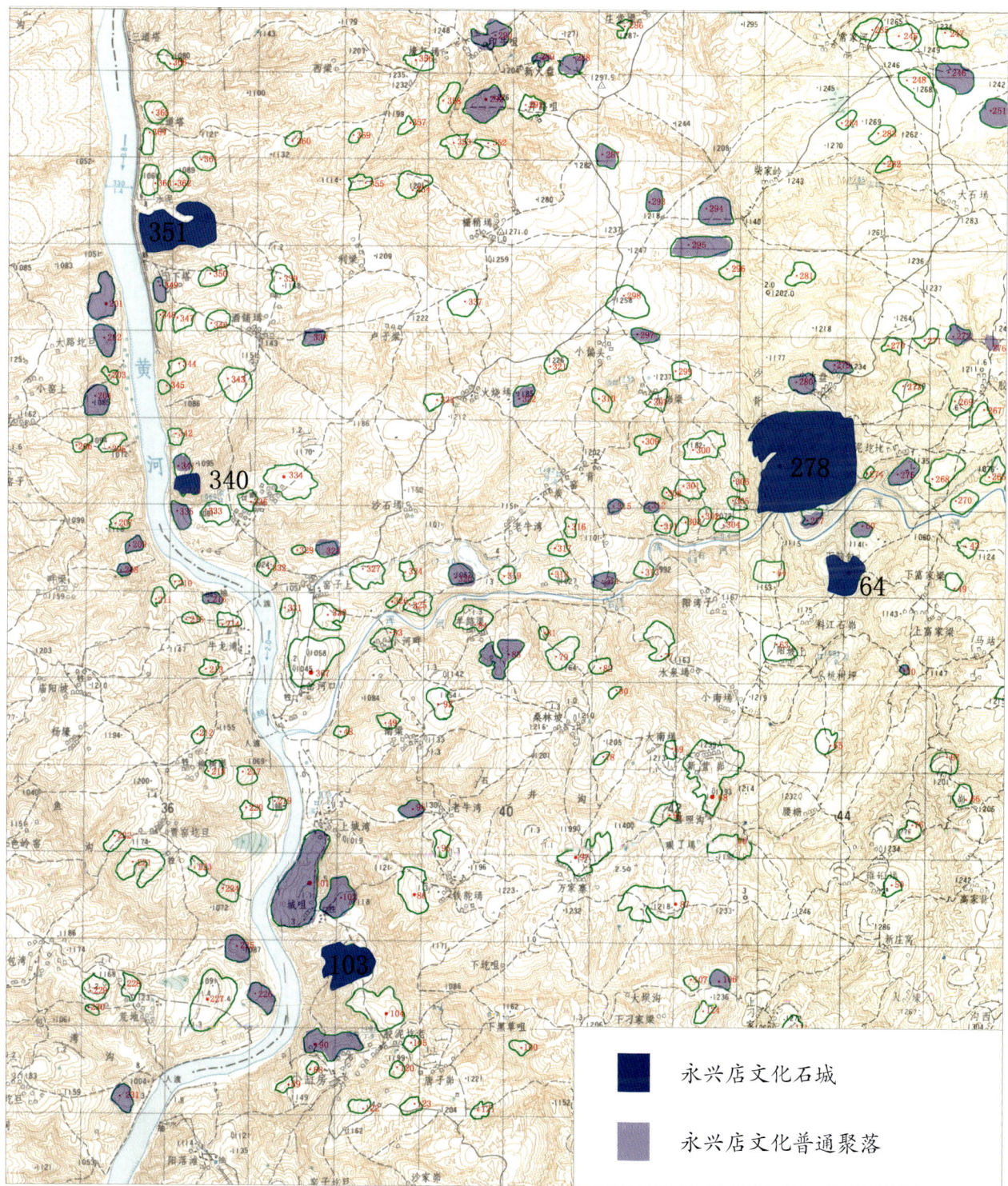

图五　永兴店文化石城聚落群分布示意图

共同体，社会形态与聚落布局亦产生了质的飞跃。

汉代遗址点分布较为分散，且明显远离河流两岸。此时期在清水河和浑河相交的河槽地带遗址点明显增多，证明这一区域的大规模开发应始于汉代。此外，浑河南岸一直以来遗址较少的局面在战国时期已有所改变，到了汉代则更为明显，且远离河流分布的趋势亦有所加强。从航片来看，汉代大型遗址多选择在坡体较大且平缓的地带，并开始对以前不适宜居住、耕种的河边冲积平原、沟内平地、坡间平原地带进行大规模的开发与利用。

根据不同时期遗址的分布情况分析，人类对居址的选择主要还是依赖于自然条件。官地一期阶段对河流的要求若即若离，既需水源又需防患水灾，这与当时居民操控水源的能力尚不成熟有关，再者就是当时人口较少，可供选择的余地较大。鲁家坡一期阶段选址明显偏向紧邻河流的台地之上，尤其偏爱浑河北岸河流小拐弯处的台地，这些地点明显存在取水方便的优势。庙子沟文化时期聚落剧增，且形成了比较聚集的遗址群。阿善三期文化时期较庙子沟文化时期聚落明显减少，并开始出现小型聚落群这一聚落聚居形态，但石城的重要性尚未明显显现。永兴店文化时期，聚落群的形态变得非常清晰，并出现了大型石城聚落群、普通石城聚落群和围绕石城聚落群分布的小型聚落群等多种形态，部分小型聚落群还出现了团状分布的态势。至朱开沟文化时期，聚落群分布态势再次模糊。战国时期，聚落对水源的依赖性开始减弱，出现了远离水源的趋势，至汉代则明显远离河流，表明当时的人们在依赖自然的同时，改造自然的能力有所增强。

我们选取了几处遗址分布较为密集的区域来直观了解一下水源对早期居民生活的重要性。从浑河与黄河交汇处的遗址分布情况来看，该区域遗址点分布密集，且适宜人类生存的台地、坡地之上均有早期人类活动遗迹。而地处两河交叉处的岔河口遗址与其周边诸多的遗址组成了河流交汇处庞大的遗址群，可见岔河口遗址显然选择了一处绝佳的地理位置，三面环水、冲沟纵横，遗址内地势平坦、堆积丰厚，诸多条件共同促成了岔河口这一仰韶时期大型中心聚落遗址的产生（图七）。此外，从清水河与浑河交界处的一条大型冲沟——石咀子沟两

图六　101号城咀城址航片

侧遗址点的分布情况来看，遗址点分布密集，且均选择靠近沟谷两侧且地势较为平坦的丘陵顶端之上（图八），可见这些遗址点所选择的位置既能保证距离水源较近、取水方便，同时又能尽量避免水患的侵袭。

2. 城址的分布及布局特点

一般地面调查中发现的城址多需地形图、测绘图和照片等才能对其进行全方位的了解，但由于视野上的差距，依旧存在一定的局限性。而本次航空考古所进行的垂直面和立体面的拍摄可直接弥补地面调查的不足，依据航片尤其是 3D 成像系统，我们可以直观直接了解城垣的走势、与周围地形的关系、城址的控制范围、墙体保存高度以及城内一些地面调查中不易发现的遗迹现象等。

依据调查资料可见，浑河下游地区所发现的石城皆属于阿善三期文化和永兴店文化时期。其中阿善三期文化的石城不仅面积较小，所处地理位置亦不甚突出。从石城的布局和城墙结构来看，此时期石城并不见瓮城、马面等附属设施，可见其防御性较弱。从航片上可清晰观察到

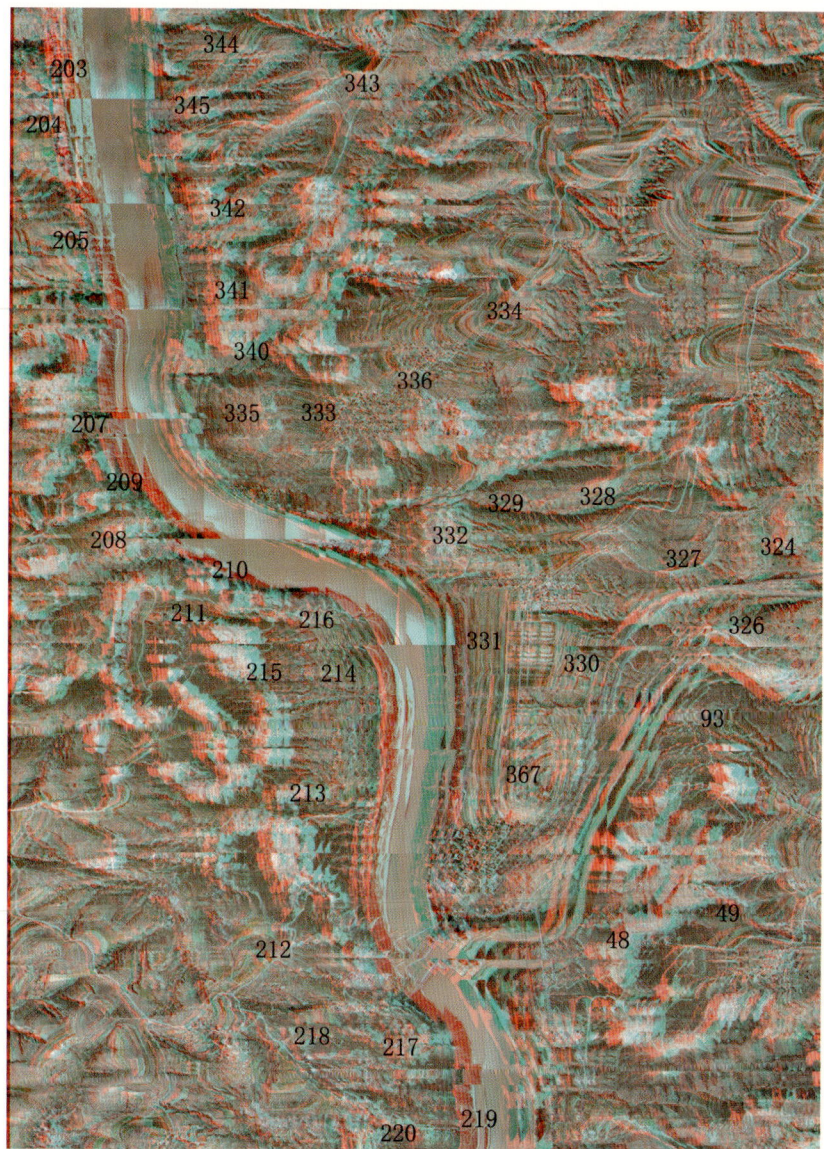

图七　浑河与黄河交汇处遗址分布三维视图

此类石城皆位于河流两岸较小的台地上，个别石城的地理位置极其特殊，明显不具备居住条件。如225号石城，位于黄河西岸拐弯处的一圆形台地顶部，地势险要，两道石墙环绕一中心台基，其地理位置和城垣布局明显不适于人类居住，祭祀性质则较强（图九）；再如233号遗址，位于浑河北向西拐弯的临河山体之上，从航片观察，整个遗址最适宜人类居住的平缓地带不见石墙，但在濒临浑河东岸的坡体下方则筑有两三道石墙，推测此类石墙的功能不仅用于防御，而且与遗址防洪关系密切（图一〇）。

永兴店文化时期的石城大多位于阿善三期文化石城周边区域，如浑河南岸的061号石城位于064号阿善三期文化石城西侧邻近的山体上，但与前期相比，石城不仅规模渐大而且出现了马面、城门等较为复杂的防御设施。与此同时，在浑河北岸与061号石城相对的山体上建成了本区域最大的永兴店文化时期石城——278号后城咀石城，061、278号石城共同构成了这一时期最重要的中心聚落群。而浑河南岸、黄河东岸的251号下塔石城，其南北两侧均毗邻深沟，东部仅存有极为狭窄的通道可供出入。考古调查与发掘表明，该石城地理位置选择极为讲究、防御设施极其完备，在东部狭窄的通道上方坡体处可见结构复杂的石墙、夯土墙、马面、城门及角楼等防御设施。此外，103号石城亦营建于阿善三期文化的225号和090号

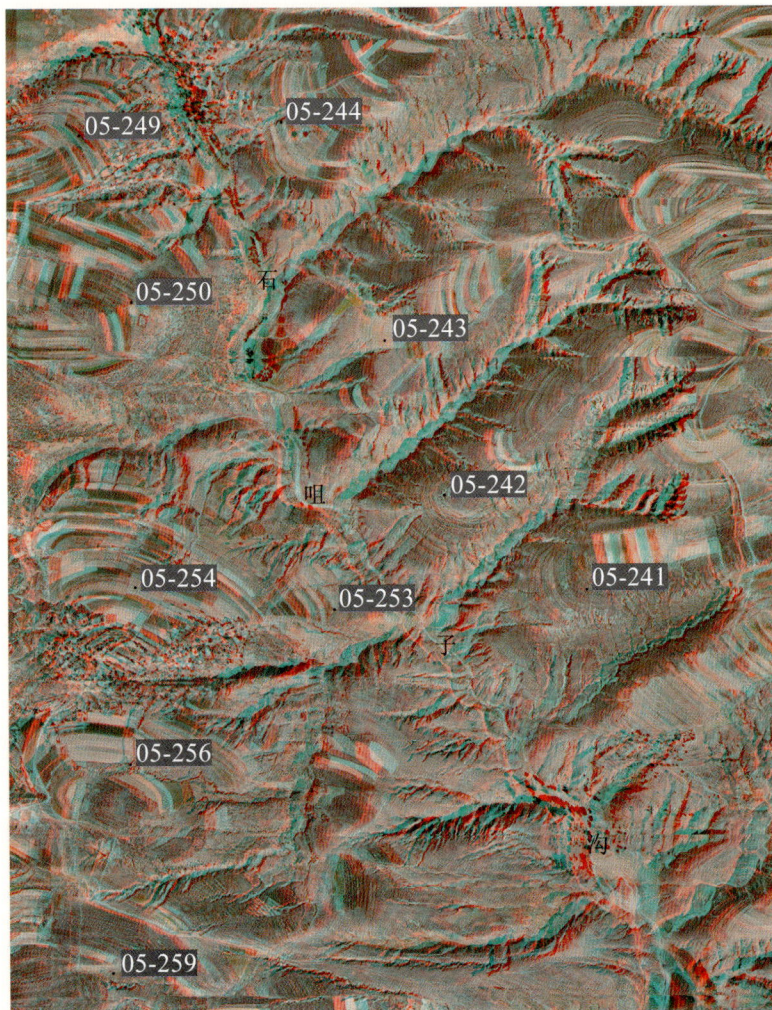

图八　石咀子沟两侧遗址分布三维视图

图九　225号荒地遗址石城航片

图一〇　233号石壁桥遗址
　　　　　石城航片

石城周边区域。

虽然永兴店文化时期仅发现 278—061 一组两石城隔河相对的情况，但在几处阿善三期文化的石城中亦发现永兴店文化时期的遗存，故不排除还存在着永兴店文化延用阿善三期文化石城的可能性。借此推测，永兴店文化时期的石城还应存在隔河相对出现的可能性。

六、区域性航空考古的意义

航空摄影考古与遥感考古因其视野广阔、覆盖面大、对遗址本身破坏性小、适用于自然条件较为恶劣的地区及相对于传统考古学研究方法成本低廉等优点已经广泛应用于我国考古学的研究之中。但类似浑河下游地区航空考古这样全方位、立体化、数字化、信息化的综合性航空考古工作，在国内尚属首次。通过浑河下游地区航空考古工作，为内蒙古乃至全国科技考古工作提供了很多值得借鉴的经验和理论，尤其为文物保护事业全面、有效、高速、科学的开展，提供了一个巨大的平台。

首先，树立了区域性航空考古的成功范例。

最早在内蒙古地区开展的航空遥感考古工作主要是针对沙漠戈壁地区、大型陵墓及古城进行的，是对通过地面调查难以全面掌握的大型古城、陵墓或无人区考古工作的辅助。基本以单个遗址为主，虽然也关注周围环境，但侧重点略有不同。而此次进行的浑河下游地区航空考古工作则是对以往工作的总结与突破，是一次真正意义上全方位、全覆盖性的航拍，更是一次针对内蒙古中南部高原地带航空考古的尝试，为日后类似的全覆盖性飞行积累了丰富的实践经验，开创了区域性航空考古的新模式。

本次浑河下游航空考古是以一个区域为基础，区别于以往进行的、针对单一城址或陵墓进行的单点、跳跃式航拍，而是对整个区域范围进行的全方位扫描式拍摄，涉及面积大、遗址点众多。尤其是在航拍区域内将遗址点逐个找出来，确定其位置、范围更是一项繁杂的工作，加之航拍与实地调查所采用 GPS 不同而产生的误差，直接导致工作进展缓慢且准确性较差。项目组通过多次摸索与验证，采取了"三重对校"的方法，即通过 GPS 点大体定位、利用 Google 系统复查、核对调查地图对比地貌，最终确定遗址点位置的方法，取得了很好的效果，为日后类似的航空考古研究工作提供了积极的借鉴。

本次航空考古首次利用航空影像区域立体快速解译系统，成功实现了对浑河流域区域性考古调查范围内立体模型的整体连接，使"立体测图"测绘技术演变成为一种新型的、客观真实的地形展示技术，并以此为平台，建立了测距、坡度、海拔、GPS 校正、容积量测算的测量模式，开创了将真实三维地理数据应用于考古调查研究的新局面。

其次，浑河下游航空考古对地面考古调查成果具有补充与校正作用。

无人机低空数码遥感系统作为一种新型技术，首次运用于航空考古工作中，并顺利地完成了调查区域 1∶2000 成图比例尺的数字航空摄影，成功实现并建立了连续立体模型观测解译系统，以科技手段辅助考古专业技术人员分析、研究，开启了无人机应用于考古工作的新篇章。以往传统意义上的考古调查工作多以地面踏查为主，依据人力因素所记录的关于遗址坐标、面积、坡度、海拔、地理位置、周边环境等信息往往不甚准确，加之调查多采用 1∶5000 或 1∶10000 的地图，缺乏时效性，不能及时、准确、详细的与遗址点周边环境相匹配，直接造成对遗址具体信息表述的误差。而通过此次航拍所提供的航片和三维立体视图，可以将遗址置身于整个大环境中来审视，不仅可以弥补当时地面调查肉眼观察的不足，而且对数字化信息的提取能起到积极的校正作用，尤其对大型城址和聚落群研究效果十分明显。在三维立体视图中，我们不仅对遗址所处的台地或坡地的坡度、范围、地形、地貌、植被以及沟谷深度、距离河流（沟谷）距离有了直观的认识，而且对进一步分析遗址内人群的居住面积、活动范围、资源控制范围、取水路径以及与周边其他遗址的关系等方面的深入研究提供了可能。在城址研究过程中，研究者可以更直观地观察城址所处环境、地形、地貌、墙体走势、墙体高度、墙体与周围地形的绝佳组合等，进而更深层次地了解城址的建筑理念、方法、人口活动的路线等。

此外，通过一系统的系统扩展、增容及数字化处理，可以将遗址点的航拍图片、三维立体视图与先前地面调查获得的文档、图片和地形图等基础数据相结合，建立单一遗址的数据库（资料包），实现简易的检索和浏览功能，用以辅助考古学研究。

最后，浑河下游航空考古可以为文物保护工作提供新的借鉴。

通常而言，自然变迁和人为活动是造成遗址变化的主要原因。自然变迁对遗址的破坏尽管十分严重，但在短期内肉眼是很难发现的。而人为活动对遗址的影响却比比皆是，且后果十分严重。依据航片观察，诸多遗址由于人类活动已遭到不同程度的破坏，如086号遗址点的边缘区域由于采石活动已经破坏殆尽，周边区域已经暴露出白色的岩体（图一一），目前采石活动仍存在向遗址中部逼近的趋势。

位于黄河东岸的101号城咀古城遗址，为调查区域内最大的一处战国城址。1970年的卫片显示其城址保存状况尚佳，南北两道城墙保存完整（图一二：1），而本次所获航片可见其南北城墙西段均已被修筑的沿黄公路直接破坏、东侧城墙则随着当地居民的扩张及出行便利需求已直接变为乡间土路，部分地段已改建为现代房屋（图一二：2）。

图一一　086号铁驼墕遗址航片

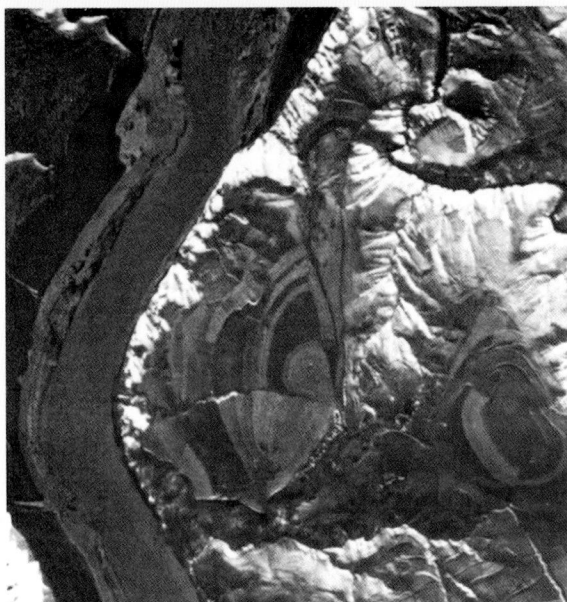

1. 1970年美国拍摄的城咀古城卫片

2. 2010年拍摄的城咀古城航片

图一二　101号城咀石城航片对比图

1. 1970年美国拍摄的后城咀石城卫片

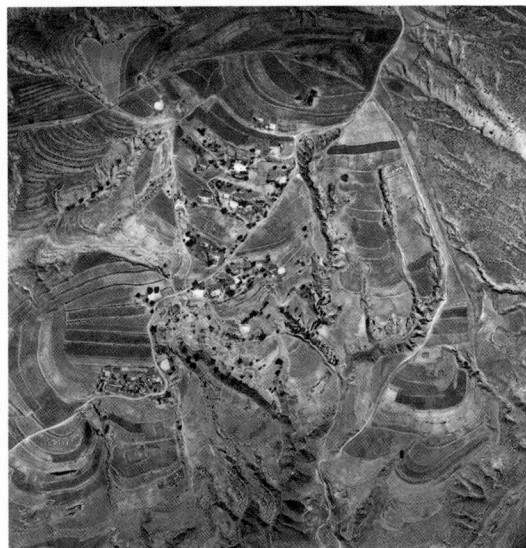

2. 2010年拍摄的后城咀石城航片

图一三　278号后城咀石城航片对比图

1. 1970年美国拍摄的下塔石城卫片

2. 2010年拍摄的下塔石城航片

图一四　351号下塔石城航片对比图

278 号后城咀石城，通过航片比对亦发现此类趋势。1970 年的卫片所反映的石城极为清晰，东北部的瓮城结构明了，瓮城墙体相连，大体呈长方形（图一三：1），与晚期瓮城结构相近，已具备明显的防御特征。而 40 多年后的今天，浑河下游航空考古所获航片上则仅见残断的墙体，瓮城的具体形制与结构均已难以辨析。此外，通过两张航片的对比来看，由于后城咀村 40 余年来人口剧增、耕地面积及民居数量大量增长，尤其是民房建造所需原料多直接取自石墙上的石块，直接导致墙体遭到极为严重的破坏，40 年前清晰可见的部分城垣早已损失殆尽（图一三：2）。

351 号下塔古城是本区域考古调查新发现的一处永兴店文化时期石城遗址，保存较好。据卫片、航片对比观察可见其 40 余年间变化不大，这与其远离村落密切相关。虽然水土流失对古城的破坏不甚明显，但由于人为开辟耕地、修建梯田，业已导致城内文化堆积不甚完整（图一四）。

上述航片显示的遗址遭到破坏的情况反映出文物保护工作面临的严峻形势，如何避免遗址遭到更为严重的破坏才是我们今后工作的重点方向。

航空考古以及一定历史周期的卫星影像、航空影像对于掌控遗址变化具有极其重要的作用，可为制定合理、有效的文物保护措施提供坚实的基础。以浑河下游航空考古为基点，可依据航空、遥感等科技手段，逐步建立区域文化航测数据库系统，对遗址进行实时监测，并逐步开展遗址分级工作，针对不同等级的遗址开展不同周期（年）的航拍工作，借以在更大的空间范围内对遗址保存状况、破坏现象进行监测与处理，并逐步建立实时监测系统，为文物保护工作提供更为全面、科学的，具有更强借鉴意义的基础资料。

航拍区域卫星照片（1970年）

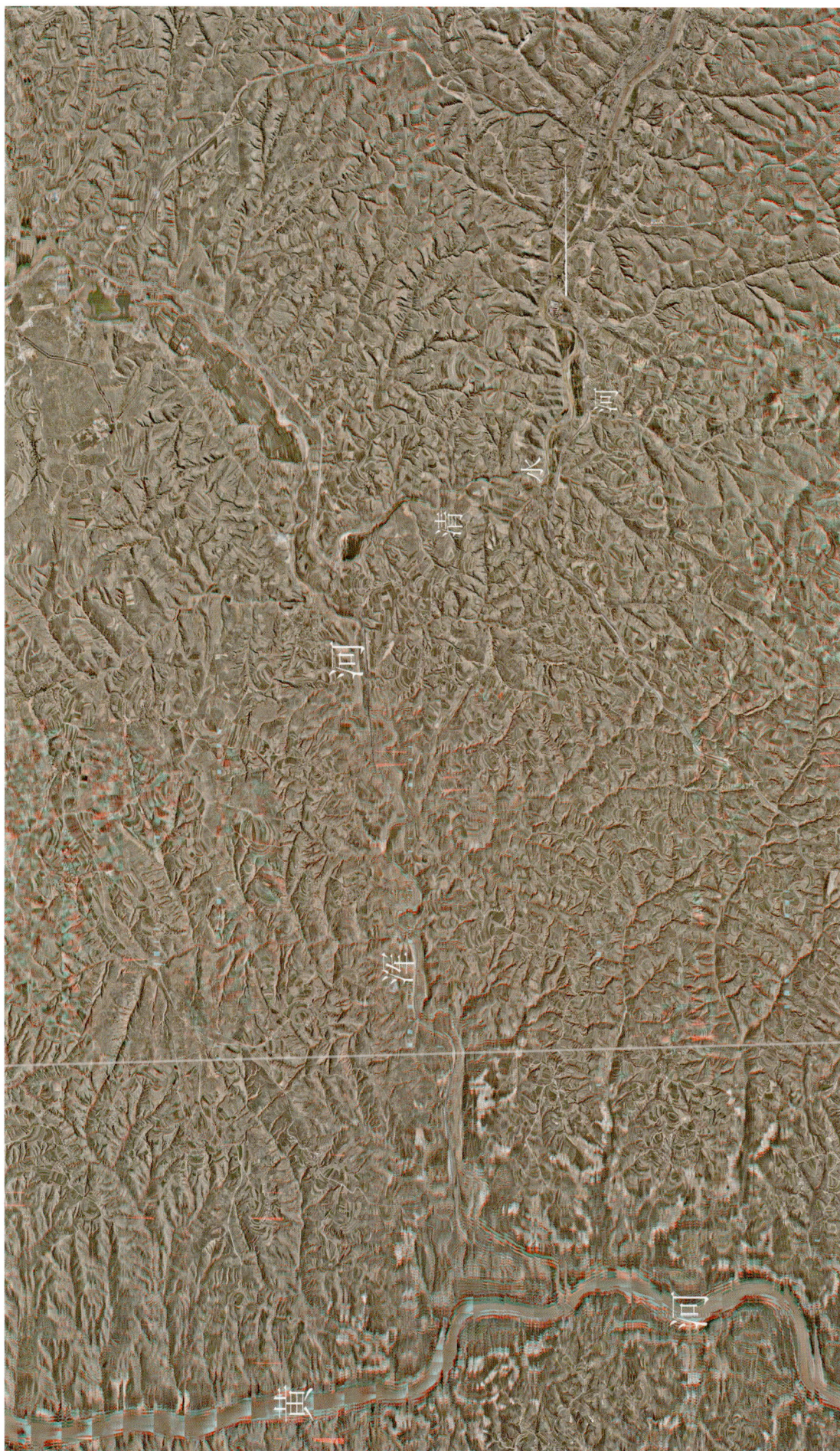

航拍区域三维视图

伊克昭盟 乌兰察布盟 磁北

黄河

79年一三

航拍区域遗址分布图

遗址航拍照片

浑河下游航空摄影考古报告

04-001

P. 030　庄窝坪遗址 –1（04-001）

文化属性：鲁家坡一期遗存、庙子沟文化、
　　　　　阿善三期文化、朱开沟文化

行政归属：清水河县小庙乡庄窝坪村

GPS坐标：东经111°37′47.7″、
　　　　　北纬39°59′0.37″

海拔高度：1147±4米

遗址位于浑河南岸坡度较缓的丘陵上，北邻209国道，东北紧邻庄窝坪村。东面、南面为大小不一的冲沟。地势西高东低，以遗址制高点为中心分布梯田。遗址范围南北约300、东西约500米，面积约15万平方米。地面调查发现庙子沟文化的遗物主要集中分布于坡体南部，而朱开沟文化时期的遗物则全面分布，鲁家坡一期遗存和阿善三期文化的遗物零散可见。该遗址以庙子沟文化和朱开沟文化为主。

航片观察在遗址制高点南面有一处可疑区域，形状略呈方形，长40、宽34米，面积约1360平方米。

P. 031　四圪垯遗址 –2（04-009）

文化属性：庙子沟文化、阿善三期文化

行政归属：清水河县小庙乡四圪垯村

GPS坐标：东经111°37′20.9″、
　　　　　北纬39°58′29.9″

海拔高度：1124±9米

遗址位于浑河东岸一大型台地上，四圪垯村西北。遗址处于台地地势最高的部分，西南部为一冲沟。面积约6万平方米，范围大致为航片上小路以南颜色发暗的部分。遗址上种植有大量柠条，并挖有鱼鳞坑，坑内植有沙棘。由于水土流失严重，地表仅见少量庙子沟文化及阿善三期文化的陶片。

航片中遗址中部见一正方形区域，疑似现代坟茔。

P. 032　黄落城遗址 –2（04-015）

文化属性：战国、汉代

行政归属：清水河县小庙乡黄落城村

GPS坐标：东经111°38′27.7″、
　　　　　北纬39°57′46.1″

海拔高度：1203±7米

刘四窑子遗址 –1（04-126）

文化属性：战国、汉代

行政归属：清水河县小庙乡刘四窑子村

GPS坐标：东经111°38′47.2″、
　　　　　北纬39°57′47.1″

海拔高度：1219±5米

两处遗址分属不同行政村，在地面调查时分为不同的遗址。从航片上观察两遗址东西相邻，年代相当，故合并在一起。

遗址位于浑河以东，209国道以西。北面大的冲沟为石盘沟，向西蜿蜒直至浑河；04-015遗址东为大燕沟。两遗址之间亦有冲沟相隔。遗址为冲沟相隔，形状大致呈长条状。总体地势为西北低、东南高。遗址主要位于中部，总面积约45万平方米。

从地面采集遗物分析，为一较大的战国、汉代遗址。

航片观察发现两处异常，均位于04-015遗址北部，1号异常为"L"型痕迹，长边70、短边30米；2号异常为一直径约10米的半圆形，北部被田垄打破。

★三维视图见180页。

04-018

04-025

P. 034　**贺家山遗址 –2（04-018）**

文化属性：阿善三期文化

行政归属：清水河县小庙乡贺家山村

GPS坐标：东经111° 37′ 42.9″、
　　　　　北纬39° 57′ 44.9″

海拔高度：1182±7米

遗址位于浑河东岸，四圪垯村西南，贺家山村北。遗址所在土丘东面为一条较大的冲沟。遗址地势较为平坦。从地面遗物散布情况看，遗址分布东西约150、南北约100米，总面积约1.5万平方米。地表植被覆盖状况不好，能分辨出的农作物有玉米、糜子、苜蓿草等。

航片观察遗址南面有一处异常，大致为一西北—东南向的长方形，两端较为明显，长约150、宽约70米。

P. 035　**杨湾遗址 –2（04-025）**

文化属性：汉代

行政归属：清水河县小庙乡杨湾村

GPS坐标：东经111° 35′ 54.5″、
　　　　　北纬39° 55′ 50.0″

海拔高度：1208±6米

遗址位于清水河北岸台地阳坡，杨湾村西北。根据地面调查遗址分布东西约500、南北约300米，总面积约15万平方米。

航片观察有三处可疑区域，大致分两种情况。其中1、2号为单个规整的圆圈，直径17米左右；3号为两排圆圈，并且每排圆圈中有相互叠加，单圈直径19米左右。关于此类现象我们争议很大，它们究竟是自然形成的，还是人工的痕迹？又是如何形成的？如果是人工痕迹，是现代的还是古代的？我们把这些现象标识出来，希望引起大家的注意。

P. 036　**缸房坪遗址 –1（04-026）**

文化属性：汉代

行政归属：清水河县小庙乡缸房坪村

GPS坐标：东经111° 33′ 43.3″、
　　　　　北纬39° 57′ 00.1″

海拔高度：1125±7米

遗址位于浑河以南、清水河以西的一处大型台地上，丰准铁路从台地北面经过。台地西宽东窄，东、南面有一较大冲沟，北面有数条小冲沟。西北隔缸房坪村与另一台地断续相连。台地顶部较为平坦，辟有环形梯田。遗址位于台地顶部东面，东西约400、南北约500米，总面积约20万平方米。地表可见大量汉代陶器残片，遗物丰富，分布较密。

航片观察在遗址西边农田中，可见一条颜色较深的线条，可见长度约72米。

04-030

04-031

04-035

P. 038　**薛家梁遗址 -1**（04-030）

文化属性：庙子沟文化、阿善三期文化、
　　　　　朱开沟文化、汉代
行政归属：清水河县小庙乡薛家梁村
GPS坐标：东经111°36′28.8″、
　　　　　北纬39°57′29.6″
海拔高度：1131±5米

遗址位于浑河东南一西北—东南走向的丘陵顶部，南面紧邻薛家梁村。丘陵地势南高北低，东、西均有冲沟，北部被大小冲沟切割、侵蚀，面积所剩不多。遗址北部被一南北向小冲沟分割为两部分。遗址范围东西约500、南北约300米，总面积达15万平方米。汉代遗物分布较多，有少量庙子沟文化、阿善三期文化、朱开沟文化遗物。

航片观察在遗址西北部有一圆圈，直径约17米。

P. 039　**梁家圪旦遗址 -1**（04-031）

文化属性：庙子沟文化、朱开沟文化
行政归属：清水河县小庙乡梁家圪旦村
GPS坐标：东经111°35′14.9″、
　　　　　北纬39°56′59.2″
海拔高度：1128±4米

遗址位于浑河以南，清水河东岸，南面紧邻梁家圪旦村。遗址所在土丘四面均有深浅不一的冲沟，北部为平缓的坡地，西部邻清水河，较为陡峭，顶部为平坦的圆形平台。遗址主要分布于坡顶及周围慢坡之上，东西约920、南北约300米，总面积达27.6万平方米。遗址地表可见主要为庙子沟文化时期的陶片，还可见朱开沟文化遗存。

航片观察见有一处异常，为两个相互叠压的圆圈，直径分别约为17、20米。

P. 040　**黑楞梁遗址 -1**（04-035）

文化属性：庙子沟文化、阿善三期文化
行政归属：清水河县小庙乡黑楞梁村
GPS坐标：东经111°35′24.5″、
　　　　　北纬39°56′38.8″
海拔高度：1171±5米

遗址位于清水河东岸台地上，黑楞梁村西北部，向北可远望到浑河河槽。台地东北部冲沟较为发育，西部陡峭。台地顶部较为平坦、宽阔。遗址主要分布于台地顶部及西坡上，东西约400、南北约360米，总面积约14.4万平方米。地表遗物多属庙子沟文化。

航片观察在遗址的东南部有一处异常，颜色较浅，明显区别于周边区域，大致呈正方形，边长16米。

04-039

04-042

04-044

P. 042　**缸房坪遗址 –2**（04-039）

文化属性：朱开沟文化

行政归属：清水河县小庙乡缸房坪村

GPS坐标：东经111° 33′ 58.2″、
　　　　　北纬39° 57′ 22.3″

海拔高度：1108±4米

遗址位于浑河、清水河交汇处以南一较大台地上，丰准铁路从遗址下部穿过。台地南部为一较深冲沟，西南隔缸房坪村与04-026（缸房坪遗址-1）所在台地相望。台地北坡较为平缓，顶部平坦。遗址分布于山坡下端，东西约300、南北约400米，总面积约12万平方米。地表散落可见多为朱开沟文化遗物。

航片观察在遗址东南部有一处可疑区域，圆形，直径约8米。

P. 043　**八龙湾遗址 –2**（04-042）

文化属性：战国、汉代

行政归属：清水河县小庙乡八龙湾村

GPS坐标：东经111° 34′ 42.5″、
　　　　　北纬39° 56′ 01.0″

海拔高度：1111±5米

遗址位于清水河西岸、八龙湾村北部的坡间平地上，东面为丘陵环绕。河对岸为西咀村。地形北窄南宽，北部有一椭圆形土丘。地表平坦广阔，分布较广，在本区域较为少见。遗址地表辟为纵横交错的梯田，东西约600、南北约800米，总面积约48万平方米。地面遗物较多，有大量战国、汉代瓮、罐、缸等器物口沿残片。

地表植被情况好于本区域大部分遗址，航片观察未见明显异常。

P. 044　**下阳塔遗址 –2**（04-044）

文化属性：官地一期遗存

行政归属：清水河县小庙乡下阳塔村

GPS坐标：东经111° 32′ 39.4″、
　　　　　北纬39° 56′ 34.4″

海拔高度：1146±5米

遗址位于浑河南岸、下阳塔村偏南的台地上，台地东、西、南面有较大冲沟，北面冲沟较小，东北方向坡势平缓，可达浑河河谷。遗址集中分布于东侧缓坡之上，东西约300、南北约200米，总面积约6万平方米。遗物时代属官地一期。

航片观察发现，在遗址南侧小型冲沟对面慢坡之上有一处长方形异常，颜色较浅，长约11、宽约5米。

04-052

P. 046 **碓臼塲遗址 –1（04-050）**

文化属性：鲁家坡一期遗存、庙子沟文化、
　　　　　阿善三期文化、朱开沟文化
行政归属：清水河县窑沟乡碓臼塲村
GPS坐标：东经111° 31′ 20.9″、
　　　　　北纬39° 54′ 36.8″
海拔高度：1265±5米

遗址位于碓臼塲村北的丘陵上，北、南、西三面为冲沟包围，东面为缓坡，地貌保存较为完整，顶部略呈半圆形。遗址范围东西宽约200、南北长约300米，面积约6万平方米。遗址持续时间较长，地表散落较多的鲁家坡一期遗存、庙子沟文化和阿善三期文化的陶片，另外可见朱开沟文化时期的遗物。

航片观察有两处可疑区域，1号呈椭圆形，颜色较周围深，长径约22、短径10米；2号为一弧形区域，形体较大，长51、宽6.6米。

P. 047 **下阳塔遗址 –4（04-052）**

文化属性：庙子沟文化、阿善三期文化、战国
行政归属：清水河县小庙乡下阳塔村
GPS坐标：东经111° 33′ 00.4″、
　　　　　北纬39° 56′ 48.3″
海拔高度：1132±5米

遗址位于浑河南岸、下阳塔村东北部的台地上。台地东北、西南两侧的大型冲沟可达浑河河谷，北部被两条南北向小型冲沟分割，台地顶部较为平坦。遗址主要分布于台地顶部，东西约750、南北500米，总面积约37.5万平方米。地表可见大量庙子沟文化和阿善三期文化的陶片。

航片观察未见异常。

P. 048 **小偏头遗址 –1（04-056）**

文化属性：战国、汉代
行政归属：清水河县小庙乡小偏头村
GPS坐标：东经111° 32′ 52.4″、
　　　　　北纬39° 55′ 28.1″
海拔高度：1212±8米

遗址位于小偏头村北的台地上。台地东、西两侧为数条小型冲沟切割，平面略呈"8"字形，顶部较为平坦，东南坡陡且短、西北坡缓长。遗址主要分布于台地顶部及东南坡之上，东西约350、南北约500米，总面积约17.5万平方米。

航片观察在台地北部有两处异常，均为浅色圆形，其中1号直径6米，2号直径8米。

N S

04-058

04-056

04-059

P. 050 小偏头遗址 -3（04-058）

文化属性：战国
行政归属：清水河县小庙乡小偏头村
GPS坐标：东经111°33′08.1″、
　　　　　北纬39°55′45.8″
海拔高度：1168±5米

遗址位于04-056（小偏头遗址-1）东北方向，东、南、北三面被冲沟环绕，其中东、南面冲沟较深，西南部与04-056遗址所在台地相连。遗址地形大致为枫叶形缓坡，东西约400、南北约600米，总面积约24万平方米。

航片观察未见异常。

P. 051 小偏头遗址 -4（04-059）

文化属性：汉代
行政归属：清水河县小庙乡小偏头村
GPS坐标：东经111°32′35.5″、
　　　　　北纬39°56′02.8″
海拔高度：1202±7米

遗址与04-058（小偏头遗址-3）处于同一台地，西面、南面的大型冲沟可达浑河河谷，北面、西面地形较为完整，坡度平缓。遗址位于台地西部的缓坡上。遗址范围东西约400、南北约300米，总面积约12万平方米。

航片观察未见异常。

P. 052 下脑包遗址 -2（04-061）

文化属性：鲁家坡一期遗存、庙子沟文化、
　　　　　永兴店文化、朱开沟文化
行政归属：清水河县小庙乡下脑包村
GPS坐标：东经111°30′53.2″、
　　　　　北纬39°56′28.7″
海拔高度：1130±7米

遗址位于浑河南岸一方形台地顶部，东面相邻台地为04-064（阳坡上遗址-2），河对岸为05-278（后城咀遗址-2），三者共同组成一组石城，扼浑河要冲。遗址所在台地西面、南面均有大型冲沟，北邻浑河，地势险峻。西面隔一小冲沟与另一台地相连。遗址南石墙、东石墙南端保存较好，残高约0.25米，一条小路从南石墙偏东处穿过，推测应为当时城门所在。南石墙、东石墙外各有一马面。遗址范围东西长约500、南北长约400米，总面积约20万平方米，为一典型的龙山时期的石城址。

下脑包石城遗址于2006年进行了试掘，对石墙及石墙上的附属设施进行了清理和解剖，发现墙体由石块垒砌的石墙、墙外伸出的石砌马面和墙内侧的夯土墙组成。另在城墙内进行了局部试掘，发现有房址、灰坑等遗迹。

航片观察城内西部有一处异常，为"L"形痕迹，长27、宽19米。

★三维视图见181~183页。

04-064

04-074

P. 054 阳坡上遗址 -2 （04-064）

文化属性：庙子沟文化、阿善三期文化、朱开沟文化、战国

行政归属：清水河县窑沟乡阳坡上村

GPS坐标：东经111° 30′ 22.5″、
北纬39° 56′ 30.2″

海拔高度：1141±7米

遗址位于浑河南岸、阳坡上村北部的台地上，东部与04-061（下脑包石城遗址-2）隔沟相望。台地北部前凸呈几字形，河对岸为05-278（后城咀遗址-2），组成浑河流域一组较为典型的龙山石城遗址群。南城墙保存较好，东、西两侧城墙依据山势断续分布至临河断崖处。遗址范围东西约350、南北约400米，总面积约14万平方米。

阳坡上遗址于2006年进行了试掘，对城墙进行了解剖。

航片观察石城北部、临近河谷处存有一处异常，为数个规整的圆圈，直径约14米。圆圈之间存在叠压关系。类似现象亦见于04-025（杨湾遗址-2）。

★三维视图见181、184、185页。

P. 055 下圪遗址 -1 （04-066）

文化属性：鲁家坡一期遗存、庙子沟文化、阿善三期文化、汉代

行政归属：清水河县窑沟乡下圪村

GPS坐标：东经111° 31′ 54.6″、
北纬39° 55′ 09.9″

海拔高度：1204±11米

遗址位于下圪村北。总体地势为西北-东南走向的一条大山梁，山梁由北向南被数条东西向冲沟分割成若干台地。遗址位于村北第二个台地上，北面台地为04-067（下圪遗址-2）。遗址分布于台地顶部，东西约120、南北约180米，总面积约2.16万平方米。遗物多属庙子沟文化。

航片观察在遗址西北部发现一处异常，颜色较周围略深，呈椭圆形，长径约10、短径约8.5米。

下圪遗址 -2 （04-067）

文化属性：庙子沟文化

行政归属：清水河县窑沟乡下圪村

GPS坐标：东经111° 31′ 47.7″、
北纬39° 55′ 23.8″

海拔高度：1183±5米

遗址位于下圪村北部偏西，西北与04-066（下圪遗址-1）所在坡体相连。遗址分布于台地顶部，东西约200、南北约250米，总面积约5万平方米。所见遗物皆属庙子沟文化。

航片观察未见异常。

P. 056 五娃圪旦遗址 -1 （04-074）

文化属性：官地一期遗存、庙子沟文化、阿善三期文化、战国

行政归属：清水河县王桂窑子乡五娃圪旦村

GPS坐标：东经111° 34′ 51.0″、
北纬39° 58′ 03.1″

海拔高度：1124±5米

遗址位于浑河北岸、五娃圪旦村以北的一处扇形台地上。台地南坡较为平缓可达浑河河谷，顶部略呈半圆形。遗址主要分布在台地顶部及南坡上，东西约300、南北约400米，总面积约12万平方米。地表散落多为官地一期遗存、庙子沟文化、阿善三期文化遗物。

航片观察未见异常。

04-077

P. 058　小南墕遗址 –1（04-077）

文化属性：鲁家坡一期遗存、庙子沟文化、
　　　　　朱开沟文化、战国

行政归属：清水河县窑沟乡小南墕村

GPS坐标：东经111° 29′ 23.3″、
　　　　　北纬39° 56′ 0″

海拔高度：1158±8米

遗址位于浑河南岸、水泉墕村北部的一处扇形台地上。台地东、西两侧邻近冲沟可达浑河河谷，南部为向上缓坡。遗址范围东西约200、南北约400米，总面积约8万平方米。地面调查发现的遗物多属庙子沟文化。

航片观察未见异常。

P. 059　羊路渠遗址 –1（04-083）

文化属性：庙子沟文化、永兴店文化、朱开
　　　　　沟文化

行政归属：清水河县窑沟乡羊路渠村

GPS坐标：东经111° 28′ 03.8″、
　　　　　北纬39° 55′ 59.6″

海拔高度：1142±6米

遗址位于浑河南岸、羊路渠村东南方的一处扇形台地上。台地东、西两侧邻近大型冲沟可达浑河河谷，坡地中部被一冲沟分割成东西两部分。遗址主要分布在东侧坡地之上，东西约300、南北约500米，总面积约15万平方米。

航片观察未见异常。

羊路渠遗址 –2（04-084）

文化属性：鲁家坡一期遗存、庙子沟文化、阿
　　　　　善三期文化、朱开沟文化、战国

行政归属：清水河县窑沟乡羊路渠村

GPS坐标：东经111° 27′ 49.9″、
　　　　　北纬39° 56′ 12.9″

海拔高度：1058±10米

遗址位于04-083（羊路渠遗址-1）西北相连的台地上。主要分布于台地顶部及北坡之上，东西约260、南北约200米，总面积约5.2万平方米。

航片观察未见异常。

P. 060　铁驼墕遗址 –1（04-086）

文化属性：庙子沟文化、阿善三期文化、朱
　　　　　开沟文化

行政归属：清水河具窑沟乡铁驼墕村

GPS坐标：东经111° 27′ 22.4″、
　　　　　北纬39° 54′ 31.6″

海拔高度：1142±6米

遗址位于铁驼墕村西部的扇形台地上。台地南、北面紧邻大型冲沟，西坡比较平缓，西面隔一大型冲沟与城咀遗址群相望。遗址主要分布于台地顶部及西部缓坡之上，东西约400、南北约400米，总面积约16万平方米。

航片观察未见异常。

04-087

04-090

04-092

P. 062　**万家寨遗址 -1（04-087）**

文化属性：汉代
行政归属：清水河县窑沟乡万家寨村
GPS坐标：东经111° 29′ 39.8″、
　　　　　北纬39° 54′ 27.5″
海拔高度：1224±5米

遗址位于万家寨村所在山梁东侧的台地上。台地西部被一冲沟分割，形状略呈蝶形。遗址地势较为平坦，东西长约700、南北宽约300、总面积约21万平方米。

航片观察遗址西北有一线形痕迹，颜色较浅，长61米。

P. 063　**小缸房遗址 -3（04-090）**

文化属性：庙子沟文化、阿善三期文化、永
　　　　　兴店文化、朱开沟文化、战国
行政归属：清水河县窑沟乡小缸房村
GPS坐标：东经111° 26′ 29.1″、
　　　　　北纬39° 53′ 34.9″
海拔高度：1119±10米

遗址位于黄河东岸、小缸房村西北的台地上，北侧邻大型冲沟。遗址为一龙山时期石城，城墙依地势而建，东西约500、南北约250米，总面积约12.5万平方米。

航片观察石城城墙依稀可见。

★三维视图见186页。

P. 064　**南梁遗址 -2（04-092）**

文化属性：庙子沟文化
行政归属：清水河县窑沟乡南梁村
GPS坐标：东经111° 27′ 42.4″、
　　　　　北纬39° 55′ 45.5″
海拔高度：1157±5米

遗址位于黄河以东、浑河以南、南梁村东北的一处大型台地上。台地北坡可抵浑河河谷，西坡可达黄河河岸。遗址主要分布在台地顶部，东西约300、南北约500米，总面积约15万平方米。

航片观察在遗址西南坡下部有一处圆形异常，颜色较浅，且部分被鱼鳞坑打破，直径18米。

04-097

04-101

04-102

P. 066　**万家寨遗址 -2**（04-097）

文化属性：汉代

行政归属：清水河县窑沟乡万家寨村

GPS坐标：东经111° 28′ 48.1″、
　　　　　北纬39° 54′ 43.1″

海拔高度：1215±9米

遗址位于万家寨村北的一处台地上。台地东、西两侧紧邻冲沟，北部为一大型冲沟可直达黄河。遗址主要分布于台地顶部及东坡，东西约700、南北约200米，总面积约14万平方米。

航片观察未见异常。

P. 067　**城咀遗址 -1**（04-101）

文化属性：阿善三期文化、永兴店文化、朱
　　　　　开沟文化、战国

行政归属：清水河县窑沟乡城咀村

GPS坐标：东经111° 26′ 23.8″、
　　　　　北纬39° 54′ 22.7″

海拔高度：1075±5米

遗址位于黄河东岸一大型台地上，对岸西南方向为04-225（荒地遗址-1），两城隔河相对。台地北面、东面为一特大冲沟环绕。城址建于邻河的一级台地上，东北面、南面濒临大型冲沟，地势险峻。城址平面不规则，南北长、东西窄。城墙依地势而筑，大致完整，东西宽约250～500、南北长约1000米，总面积约40万平方米。

航片观察未见异常。

★三维视图见187~189页。

P. 068　**城咀遗址 -2**（04-102）

文化属性：官地一期遗存、永兴店文化、战国

行政归属：清水河县窑沟乡城咀村

GPS坐标：东经111° 26′ 47.3″、
　　　　　北纬39° 54′ 23.2″

海拔高度：1109±8米

遗址位于04-101（城咀遗址-1）东部的台地上。台地顶部浑圆，南坡平缓。遗址主要分布于台地顶部，东西约300、南北约200米，总面积约6万平方米。地表散落遗物多属官地一期遗存。

航片观察未见异常。

04-110

P. 070 城咀遗址 -3（04-103）

文化属性：官地一期遗存、永兴店文化、战国
行政归属：清水河县窑沟乡城咀村
GPS坐标：东经111°26′50.7″、
　　　　　北纬39°54′06.5″
海拔高度：1156±5米

遗址与04-101（城咀遗址-1）、04-102（城咀遗址-2）处于同一大型台地上，位于04-102遗址的南部。石城位于遗址所在台地的南部，平面形状呈簸箕形，墙体依山势而筑，极其险峻。城墙大体保存完整，残高约1.2米。遗址范围东西500、南北约400米，总面积约20万平方米。

航片观察城北部存有一大型台基，长约28、宽约24米。

★三维视图见190~192页。

P. 071 胶泥圪垯遗址 -1（04-104）

文化属性：庙子沟文化、朱开沟文化、战国
行政归属：清水河县窑沟乡胶泥圪垯村
GPS坐标：东经111°27′08.6″、
　　　　　北纬39°53′45.2″
海拔高度：1154±7米

遗址位于黄河东岸、胶泥圪垯村西的一处蝶形台地上，向北与04-103（城咀遗址-3）相连。遗址主要分布于台地顶部及西南坡，东西约500、南北350米，总面积约17.5万平方米。

航片观察遗址西南坡地下部有一处异常，为两个方形痕迹，边长分别为12米和11米，存在叠压打破关系。

P. 072 王落咀遗址 -1（04-110）

文化属性：战国、汉代
行政归属：清水河县窑沟乡王落咀村
GPS坐标：东经111°30′53.5″、
　　　　　北纬39°53′25.5″
海拔高度：1238±12米

遗址位于王落咀村西北部的一处扇形台地上，坡体南部被数条冲沟分割。遗址范围东西约400、南北约650米，总面积约26万平方米。

航片观察未见异常。

04-112

04-114

04-115

P. 074　朝天壕遗址 -1（04-112）

文化属性：战国
行政归属：清水河县窑沟乡朝天壕村
GPS坐标：东经111° 32′ 52.5″、
　　　　　北纬39° 53′ 12.4″
海拔高度：1296±11米

　　遗址位于朝天壕村东南部一平缓的台地上。台地西部、东部为大型冲沟，北部相连台地上为04-114（朝天壕遗址-3）。遗址主要分布于台地顶部，东西约200、南北约300米，总面积约6万平方米。

　　航片观察未见异常。

P. 075　朝天壕遗址 -3（04-114）

文化属性：战国、汉代
行政归属：清水河县窑沟乡朝天壕村
GPS坐标：东经111° 33′ 07.5″、
　　　　　北纬39° 53′ 22.9″
海拔高度：1311±5米

　　遗址位于04-112（朝天壕遗址-1）北面的扇形台地上。台地东、西部为大型冲沟，北面冲沟较小，北坡平缓。遗址分布范围较大，东西约300、南北700米，总面积约21万平方米。

　　航片观察见有两处异常，1号位于东北坡下部，为两个大致呈圆形、颜色较深的痕迹，直径约20米；2号大致位于顶部，为三个较小的圆圈，颜色较浅，直径约3米。

P. 076　马次梁遗址 -1（04-115）

文化属性：战国
行政归属：清水河县窑沟乡马次梁村
GPS坐标：东经111° 33′ 28.4″、
　　　　　北纬39° 53′ 57.6″
海拔高度：1266±5米

　　遗址位于马次梁村东部的台地上，西南与04-114（朝天壕遗址-3）隔沟相望。台地东面为大型冲沟，台地顶部呈"8"字形。遗址主要分布在南面小台地，范围较小，东西约100、南北约80米，总面积约0.8万平方米。

　　航片观察未见异常。

04-135

04-140

P. 078 **下蒙家梁遗址 -1（04-132）**

文化属性：庙子沟文化、阿善三期文化、朱开沟文化、汉代

行政归属：清水河县小庙乡下蒙家梁村

GPS坐标：东经111° 34′ 25.8″、
北纬39° 55′ 28.0″

海拔高度：1194±6米

遗址位于清水河西南方向、下蒙家梁村北的一处扇形台地上。台地东、西面为小冲沟，北坡平缓，有公路从下面经过。遗址主要分布在台地顶部及北坡，东西约700、南北约300米，总面积约21万平方米。

航片观察未见异常。

P. 079 **上蒙家梁遗址 -1（04-135）**

文化属性：战国、汉代

行政归属：清水河县小庙乡上蒙家梁村

GPS坐标：东经111° 34′ 01.2″、
北纬39° 54′ 35.0″

海拔高度：1261±5米

遗址位于上蒙家梁村南部的台地上。台地西、南面被小冲沟环绕，西南坡较为平缓。遗址面积不大，东西约200、南北约150米，面积约3万平方米。

航片观察未见异常。

P. 080 **下蒙家梁遗址 -3（04-140）**

文化属性：庙子沟文化、朱开沟文化、战国

行政归属：清水河县小庙乡下蒙家梁村

GPS坐标：东经111° 34′ 44.1″、
北纬39° 55′ 11.3″

海拔高度：1188±6米

遗址位于下蒙家梁村南部的台地上。台地东面为一条大型冲沟，可达清水河河谷，西面、北面冲沟较小，北坡较缓。遗址主要分布于台地顶部及北坡，东西约150、南北约450米，总面积约6.75万平方米。遗物以庙子沟文化、朱开沟文化的陶片为主。

航片观察未见异常。

04-147

04-148

04-151

P. 082 姑姑庵遗址 -3（04-147）

文化属性：庙子沟文化

行政归属：清水河县小庙乡姑姑庵村

GPS坐标：东经111°35′21.6″、
　　　　　北纬39°55′14.1″

海拔高度：1178±7米

遗址位于清水河南岸、姑姑庵村东北部的台地上。台地西部为一条通往清水河的大型冲沟，东部被一条南北向冲沟分割为两部分，东北方向隔两条冲沟为04-148（姑姑庵遗址-4）。遗址分布于台地顶部，地势平坦，东西约200、南北约300米，总面积约6万平方米。

航片观察未见异常。

P. 083 姑姑庵遗址 -4（04-148）

文化属性：官地一期遗存、鲁家坡一期遗存、
　　　　　庙子沟文化、朱开沟文化、战国

行政归属：清水河县小庙乡姑姑庵村

GPS坐标：东经111°35′34.9″、
　　　　　北纬39°55′16.9″

海拔高度：1179±5米

遗址位于清水河南岸、姑姑庵村东北部的台地上。台地北部紧邻清水河崖壁，南部为109国道，东西两侧为冲沟所夹。遗址东西约200、南北约300米，总面积约6万平方米。

航片观察未见异常。

P. 084 只几墕遗址 -1（04-151）

文化属性：庙子沟文化、朱开沟文化、战国

行政归属：清水河县小庙乡只几墕村

GPS坐标：东经111°35′59.3″、
　　　　　北纬39°55′08.0″

海拔高度：1178±11米

遗址位于清水河南岸、只几墕村北的一处缓坡上。109国道于遗址西部蜿蜒南行，遗址东部与04-152（只几墕遗址-2）隔沟相望。遗址东西约350、南北约400米，总面积约14万平方米。

航片观察遗址北坡有两处异常，1号土色灰褐，形状不太清晰；2号为一直径19米的圆形。

04-152

04-161

P. 086　只几塔遗址 -2（04-152）

文化属性：朱开沟文化

行政归属：清水河县小庙乡只几塔村

GPS坐标：东经111°36′21.3″、
北纬39°55′11.3″

海拔高度：1183±7米

遗址位于清水河南岸、只几塔村北的一处缓坡上。西侧与04-151（只几塔遗址-1）隔沟相望，东侧有一小型冲沟直入清水河。遗址东西约150、南北约200米，总面积约3万平方米。

航片观察未见异常。

P. 087　五七大学遗址 -2（04-159）

文化属性：庙子沟文化、朱开沟文化、战国、
汉代

行政归属：清水河县五良太乡五七大学村

GPS坐标：东经111°38′42.1″、
北纬39°59′41.8″

海拔高度：1124±7米

遗址位于浑河东岸一西北—东南方向狭长山梁的前端台地上。厂汉代沟村位于遗址北面，台地南面为一通达浑河河谷的大型冲沟。遗址地势平坦开阔，分布范围较大，东西约800、南北约800米，总面积达64万平方米。地表散落遗物以战国、汉代为多。

遗址地面植被不佳，仅在中部发现一处可疑区域，形状约为圆形，直径约8米。

P. 088　畔峁子遗址 -1（04-161）

文化属性：庙子沟文化、朱开沟文化、汉代

行政归属：清水河县城关镇畔峁子村

GPS坐标：东经111°38′18.9″、
北纬39°54′43.6″

海拔高度：1221±6米

遗址位于清水河南岸、畔峁子村西的台地上。东北方向台地为04-162（畔峁子遗址-2），东面一条冲沟可达清水河河谷，北坡较为平缓。遗址主要分布于台地顶部及北坡，东西约250、南北约200米，总面积约5万平方米。

航片观察未见异常。

04-162

04-170

04-174

P. 090　畔峁子遗址 -2（04-162）

文化属性：鲁家坡一期遗存、庙子沟文化、
　　　　　阿善三期文化、永兴店文化、
　　　　　朱开沟文化、战国
行政归属：清水河县城关镇畔峁子村
GPS坐标：东经111° 38′ 37.0″、
　　　　　北纬39° 54′ 53.4″
海拔高度：1194±6米

　　遗址位于清水河南岸、畔峁子村北部山丘上，与清水河县水泥厂隔河相望，西南方向台地上为04-161（畔峁子遗址-1）。遗址破坏严重，东西约200、南北约100米，总面积约2万平方米。

　　航片观察未见异常。

P. 091　王三窑子遗址 -3（04-170）

文化属性：官地一期遗存、鲁家坡一期遗存、
　　　　　庙子沟文化、朱开沟文化、战国
行政归属：清水河县小庙乡王三窑子村
GPS坐标：东经111° 37′ 30.9″、
　　　　　北纬39° 55′ 18.9″
海拔高度：1172±5米

　　遗址位于清水河南岸、王三窑子村东的浑圆丘陵上。台地较为独立，东、西两侧皆为陡崖，109国道从南部经过。遗址主要位于台地顶部，东西约300、南北约200米，总面积约6万平方米。

　　航片观察未见异常。

P. 092　祁家沟遗址 -1（04-174）

文化属性：庙子沟文化
行政归属：清水河县城关镇祁家沟村
GPS坐标：东经111° 39′ 37.6″、
　　　　　北纬39° 53′ 48.2″
海拔高度：1280±6米

　　遗址位于祁家沟村南部的台地上。台地北部隔一冲沟与04-176（窑子上遗址-2），西侧为大型冲沟通达清水河河谷，北坡较为平缓。遗址主要分布于北坡上，东西约200、南北约250米，总面积约5万平方米。

　　航片观察未见异常。

04-178

04-182

P. 094　新窑上遗址 -2（04-178）

文化属性：庙子沟文化

行政归属：清水河县小庙乡新窑上村

GPS坐标：东经111° 38′ 00.7″、
　　　　　北纬39° 54′ 27.1″

海拔高度：1264±5米

遗址位于新窑上村北部一大型台地上。台地东、西两侧均为大型冲沟直至清水河河谷，109国道从台地西面经过。遗址主要位于台地北部，又被一南北向冲沟分割为东西两部分。遗址东西约450、南北约200米，总面积约9万平方米。

航片观察未见异常。

P. 095　小庙子遗址 -2（04-182）

文化属性：官地一期遗存、鲁家坡一期遗存、
　　　　　庙子沟文化、阿善三期文化、永
　　　　　兴店文化、战国

行政归属：清水河县小庙乡小庙子村

GPS坐标：东经111° 39′ 28.2″、
　　　　　北纬39° 55′ 22.9″

海拔高度：1214±5米

遗址位于清水河县城北部一台地上。台地东面为一大冲沟，北面冲沟较小，南面被数条冲沟切割，坡度较陡。遗址主要位于台地顶部，东西约200、南北约150米，总面积约3万平方米。遗物多属官地一期遗存。

遗址遍布鱼鳞坑，航片观察未见异常。

P. 096　庄窝坪遗址 -7（04-184）

文化属性：战国

行政归属：清水河县小庙乡庄窝坪村

GPS坐标：东经111° 37′ 30.1″、
　　　　　北纬39° 59′ 27.4″

海拔高度：1102±6米

遗址位于浑河当阳桥水库东岸。丰准铁路从遗址西部穿过。南面隔一条东西向小冲沟为04-185（庄窝坪遗址-8）。遗址面积较大，地势平坦，范围东西约200、南北约300米，总面积约6万平方米。

航片观察有两处可疑区域，均在遗址东部区。1号位置偏北，形状为半圆形，颜色较深，直径约14米；2号位于遗址中部偏东，隐约可见数个圆圈，直径9~12米，且部分有打破关系。

庄窝坪遗址 -8（04-185）

文化属性：鲁家坡一期遗存、庙子沟文化、
　　　　　阿善三期文化、朱开沟文化

行政归属：清水河县小庙乡庄窝坪村

GPS坐标：东经111° 37′ 21.1″、
　　　　　北纬39° 59′ 18.0″

海拔高度：1099±5米

遗址位于当阳桥水库东岸、209国道北侧，西部被丰准铁路破坏，北面为04-184（庄窝坪遗址-7）。遗址范围东西约200、南北约300米，总面积约6万平方米。遗物多属鲁家坡一期遗存。

航片观察在遗址东部偏北有一处异常（编号3），颜色较浅，约为圆形，南面被冲沟打破，直径约20米。

04-195

04-196

04-199

P. 098　**贾家湾遗址 –1（04-195）**

文化属性：战国

行政归属：清水河县小庙乡贾家湾村

GPS坐标：东经111°38′29.5″、
　　　　　北纬39°55′26.7″

海拔高度：1142±6米

遗址位于清水河北岸一大型台地的南坡，东临清水河县城，南面为109国道。遗址被两条南北向冲沟分割为三部分，东西约400、南北约150米，总面积约6万平方米。

航片观察未见异常。

P. 099　**八龙湾遗址 –7（04-196）**

文化属性：庙子沟文化

行政归属：清水河县小庙乡八龙湾村

GPS坐标：东经111°34′27.4″、
　　　　　北纬39°55′44.6″

海拔高度：1153±5米

遗址位于清水河西岸、八龙湾村西部的台地顶端。台地东、南、西三面环沟，其中南侧大冲沟直抵清水河河谷。遗址表面被数条小冲沟切割，支离破碎。遗址主要分布于台地的东坡上，东西约180、南北约250米，总面积约4.5万平方米。

航片观察未见异常。

P. 100　**王三窑子遗址 –4（04-199）**

文化属性：战国

行政归属：清水河县小庙乡王三窑子村

GPS坐标：东经111°36′40.0″、
　　　　　北纬39°55′26.8″

海拔高度：1121±5米

遗址位于王三窑子村西南面、清水河北岸临河的一级台地上。大致呈半圆形，与04-151（只几垴遗址-1）、04-152（只几垴遗址-2）隔河相望。地势较为平坦，东西约500、南北约200米，总面积约10万平方米。

地表植被较好，航片观察未见异常。

05-201

05-202

05-204

P. 102 **大路圪旦遗址 -1**（05-201）

文化属性：庙子沟文化、阿善三期文化、永
兴店文化、朱开沟文化

行政归属：准格尔旗窑沟乡大路圪旦村

GPS坐标：东经111° 24′ 47.0″、
北纬39° 58′ 18.4″

海拔高度：1066±7米

遗址位于黄河西岸的断崖上，大路圪旦村东侧。南北两侧均为大型冲沟且直入黄河，南侧与05-202（大路圪旦遗址-2）隔沟相望，河对岸为05-351（下塔遗址-3）。石城城墙依地势而建，部分保存完整，东西约200、南北约500米，总面积约10万平方米。

地表沙化严重，航片观察未见异常。

★三维视图见193页。

P. 103 **大路圪旦遗址 -2**（05-202）

文化属性：庙子沟文化、永兴店文化、战国

行政归属：准格尔旗窑沟乡大路圪旦村

GPS坐标：东经111° 24′ 31.0″、
北纬39° 58′ 00.0″

海拔高度：1083±5米

遗址位于黄河西岸、大路圪旦村东的断崖上，北面隔冲沟与05-201（大路圪旦遗址-1）相邻。断崖顶部地形相对平坦，遗址主要分布于顶部及东部缓坡上端，东西宽约250、南北长约350米，总面积约8.75万平方米。

遗址地表沙化严重，航片观察未见异常。

P. 104 **小窑上遗址 -2**（05-204）

文化属性：庙子沟文化、永兴店文化、朱开
沟文化、战国

行政归属：准格尔旗窑沟乡小窑上村

GPS坐标：东经111° 24′ 41.0″、
北纬39° 57′ 40.5″

海拔高度：1076±5米

遗址位于黄河西岸、小窑上村东南部的台地上。台地南、北皆为大型冲沟直至黄河，东部断崖陡峭，南面隔冲沟分别与05-205（槽牛营子遗址-1）、05-206（槽牛营子遗址-2）相邻。遗址主要分布在台地南部，东西约300、南北约350米，总面积约10.5万平方米。

航片观察未见异常。

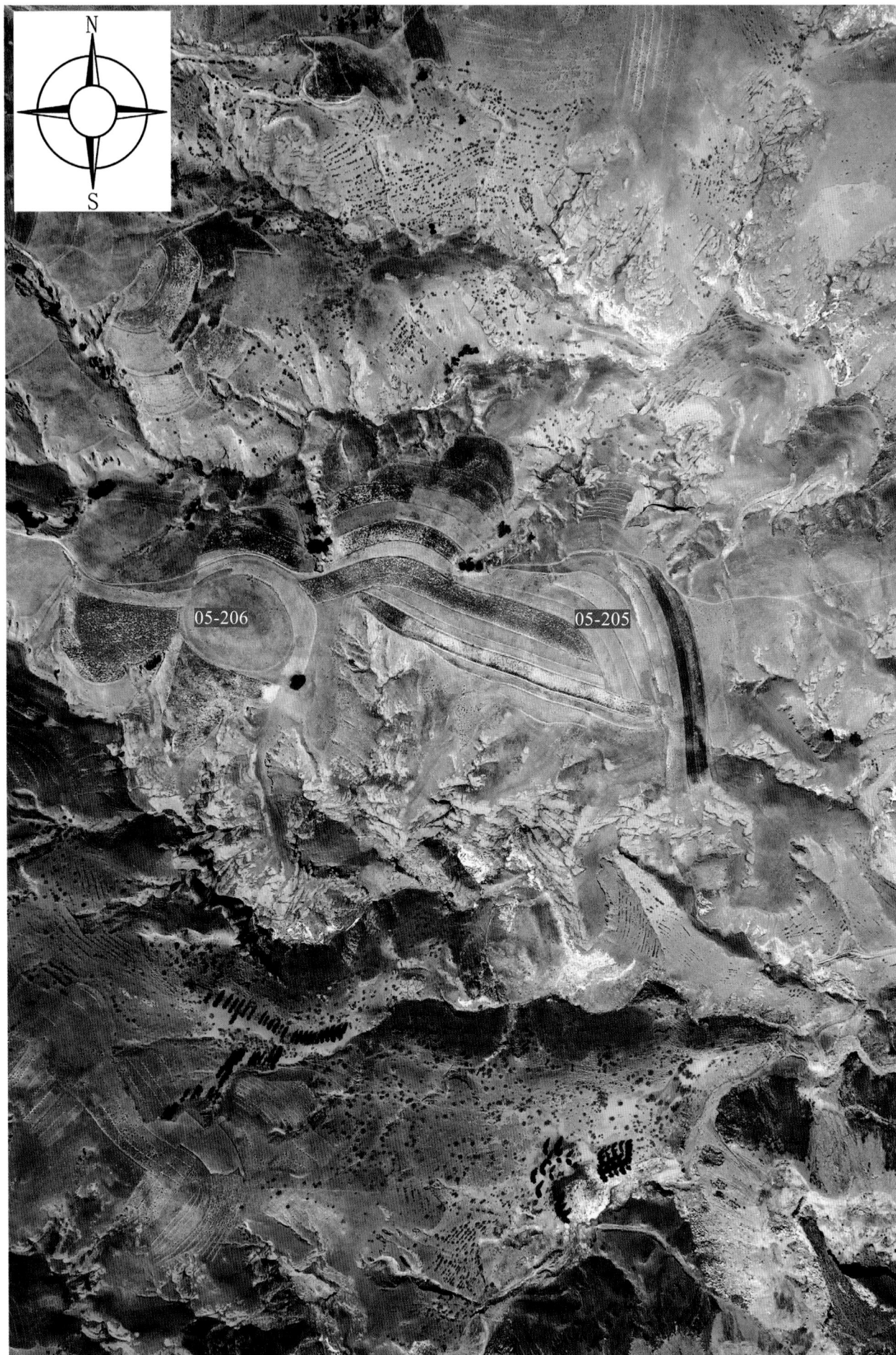

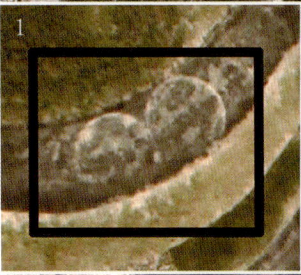

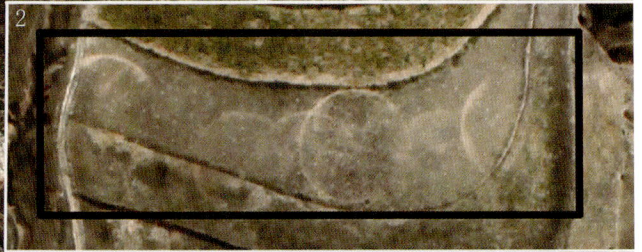

P. 106 槽牛营子遗址 -1（05-205）

文化属性：庙子沟文化、阿善三期文化、朱开沟文化

行政归属：准格尔旗窑沟乡槽牛营子村

GPS坐标：东经111°24′42.8″、
北纬39°57′19.4″

海拔高度：1092±5米

遗址位于黄河西岸、槽牛营子村东部的台地上。台地南、北两侧皆为大型冲沟，北面隔冲沟05-204（小窑上遗址-2）相望，西面为05-206（槽牛营子遗址-2）。遗址主要分布在台地东部，东西约300、南北约200米，总面积约6万平方米。

航片观察未见异常。

槽牛营子遗址 -2（05-206）

文化属性：阿善三期文化

行政归属：准格尔旗窑沟乡槽牛营子村

GPS坐标：东经111°24′32.5″、
北纬39°57′19.3″

海拔高度：1093±6米

遗址位于05-205（槽牛营子遗址-1）西面。遗址范围东西约250、南北约150米，总面积约3.75万平方米。

航片观察未见异常。

P. 107 牛龙湾遗址 -1（05-210）

文化属性：阿善三期文化

行政归属：准格尔旗窑沟乡牛龙湾村

GPS坐标：东经111°25′21.0″、
北纬39°56′28.7″

海拔高度：1046±5米

遗址位于黄河西岸、牛龙湾村西北。处于一西南—东北向狭长山梁的前端，山梁南、北邻大型冲沟，冲沟可直抵黄河。南面坡地上为05-211（牛龙湾遗址-2）。遗址面积不大，东西约100、南北150米，总面积约1.5万平方米。

遗址周围为采石场，破坏严重，航片观察未见异常。

牛龙湾遗址 -2（05-211）

文化属性：朱开沟文化

行政归属：准格尔旗窑沟乡牛龙湾村

GPS坐标：东经111°25′10.2″、
北纬39°56′23.0″

海拔高度：1090±5米

遗址位于05-210（牛龙湾遗址-1）南面，东西约150、南北约200米，总面积约3万平方米。

航片观察未见异常。

P. 108 柳树渠遗址 -1（05-212）

文化属性：朱开沟文化

行政归属：准格尔旗窑沟乡柳树渠村

GPS坐标：东经111°25′36.4″、
北纬39°55′32.4″

海拔高度：1153±4米

遗址位于黄河西岸、柳树渠村东北一坡地上。坡地东部为浑河与黄河交汇处，南、北两侧紧邻大型冲沟，可抵黄河河谷，顶部较为平缓，北部被一小冲沟分割。遗址主要分布于坡地的东北部，东西约150、南北约200米，总面积约3万半方米。

航片观察在遗址北部、东北部存有三处异常，均为数目不同、成组的规整圆圈，直径15～25米，边缘颜色较浅。此类痕迹在04-025（杨湾遗址-2）等遗址内也有发现。

05-219

05-221

05-222

P. 110 **柳树渠遗址 -4（05-219）**

文化属性：庙子沟文化、战国
行政归属：准格尔旗窑沟乡柳树渠村
GPS坐标：东经111° 26′ 16.6″、
　　　　　　北纬39° 55′ 06.6″
海拔高度：1993±7米

遗址位于黄河西岸、柳树渠村东南临河的一级台地上。台地呈扇形，南、北两侧均邻冲沟，地势相对平缓。遗址范围东西约200、南北约150米，总面积约3万平方米。

遗址地表沙化严重，航片观察未见异常。

P. 111 **贾窑圪旦遗址 -1（05-221）**

文化属性：庙子沟文化、阿善三期文化、朱开沟文化
行政归属：准格尔旗窑沟乡贾窑圪旦村
GPS坐标：东经111° 25′ 16.2″、
　　　　　　北纬39° 54′ 48.0″
海拔高度：1164±5米

遗址位于黄河西岸、贾窑圪旦村南一浑圆台地上。台地南、北两侧均为大型冲沟可抵黄河，西北面为05-222（贾窑圪旦遗址-2），东面为05-223（贾窑圪旦遗址-3）。遗址主要分布于台地顶部及南面缓坡之上，东西约500、南北约400米，总面积约20万平方米。

航片观察未见异常。

P. 112 **贾窑圪旦遗址 -2（05-222）**

文化属性：阿善三期文化
行政归属：准格尔旗窑沟乡贾窑圪旦村
GPS坐标：东经111° 24′ 54.0″、
　　　　　　北纬39° 54′ 51.5″
海拔高度：1143±4米

遗址位于黄河西岸，05-221（贾窑圪旦遗址-1）所在台地的西坡。遗址范围东西约150、南北约250米，总面积约3.75万平方米。

航片观察遗址西南部存有一处异常，为一颜色较深的圆形，直径约12米。

05-221

05-223

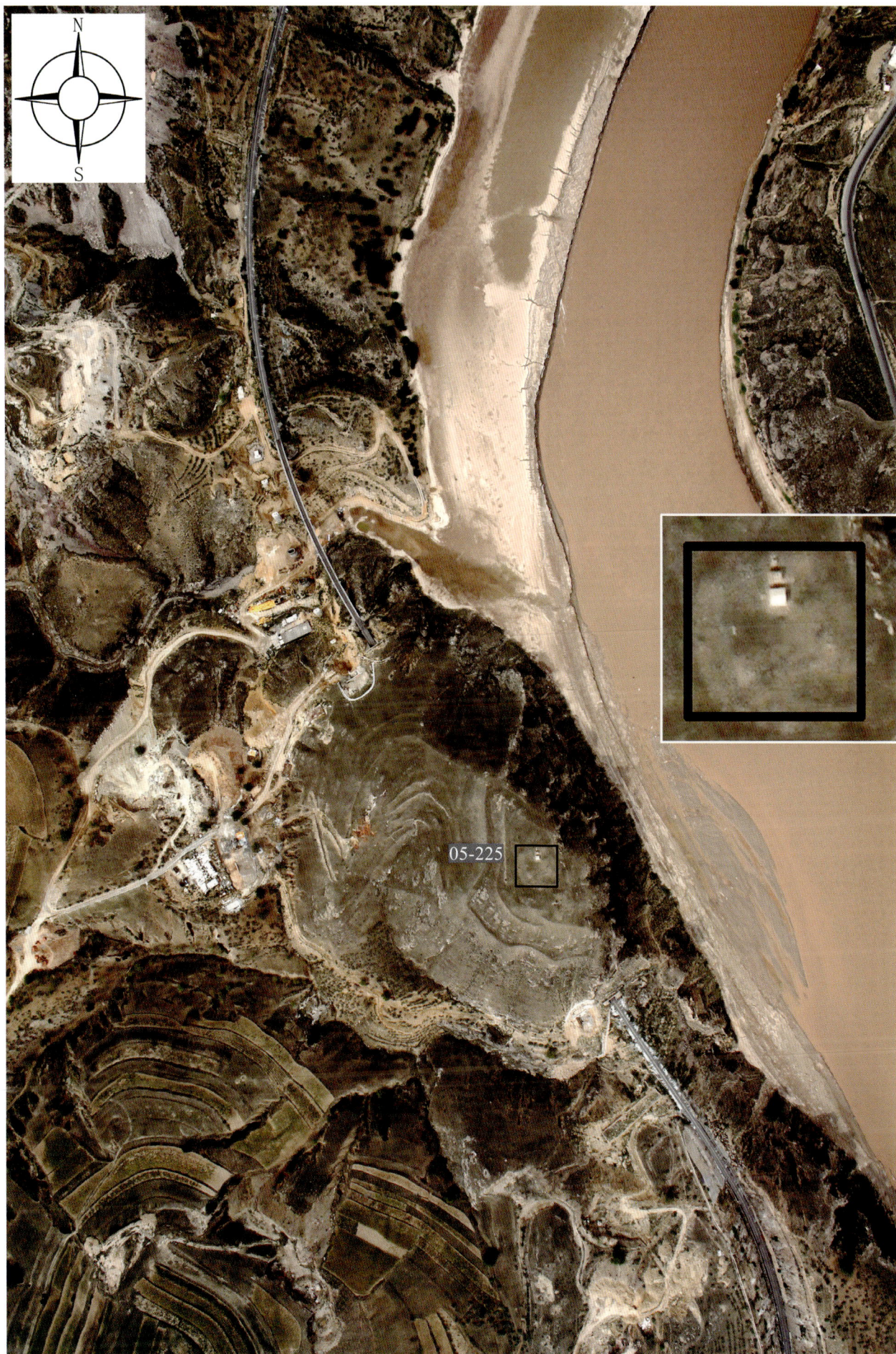

05-225

05-227

P. 114 贾窑圪旦遗址 –3（05-223）

文化属性：朱开沟文化
行政归属：准格尔旗窑沟乡贾窑圪旦村
GPS坐标：东经111° 25′ 27.7″、
　　　　　北纬39° 54′ 44.7″
海拔高度：1144±11米

遗址位于黄河西岸、05-221（贾窑圪旦遗址-1）所属台地的东坡，坡面被数条小型冲沟分割为数块。遗址范围较小，东西约200、南北约150米，总面积约3万平方米。

航片观察未见异常。

P. 115 荒地遗址 –1（05-225）

文化属性：阿善三期文化、永兴店文化、战国
行政归属：准格尔旗窑沟乡荒地村
GPS坐标：东经111° 25′ 57.0″、
　　　　　北纬39° 54′ 09.7″
海拔高度：1083±5米

遗址位于黄河西岸、荒地村东北方向坡地一隆起的小型台地上。台地三面被冲沟环绕，东部为临河绝壁，地势险要，西北方向隔一大冲沟为05-221（贾窑圪旦遗址-1）、05-222（贾窑圪旦遗址-2）、05-223（贾窑圪旦遗址-3）所在大型台地，西南与05-227（荒地遗址-3）隔沟相望，河对岸东北方向为04-101（城咀遗址-1）。台地顶部依稀可见保存不甚完整的石质墙体。遗址东西约250、南北约300，总面积约7.5万平方米。

航片观察发现遗址中部有一正方形凸起，边长约20米，高于周边地面约0.2米，其上有现代建筑。

★三维视图见194、195页。

P. 116 荒地遗址 –3（05-227）

文化属性：官地一期遗存、阿善三期文化、
　　　　　朱开沟文化
行政归属：准格尔旗窑沟乡荒地村
GPS坐标：东经111° 25′ 43.0″、
　　　　　北纬39° 53′ 55.2″
海拔高度：1091±5米

遗址位于黄河西岸、荒地村东一大型台地上。台地北面为大型冲沟，东、南两面濒临黄河，东北方向为05-225（荒地遗址-1）。台地顶部呈椭圆形，地势较为平坦。遗址主要分布于台地顶部及东坡上，东西约350、南北约650米，总面积约22.75万平方米。

航片观察在北坡下部有一处异常，颜色较浅，为一半圆形痕迹，直径约17米。

05-231

05-233

P. 118 荒地遗址 –4（05-228）

文化属性：鲁家坡一期遗存、阿善三期文化、朱开沟文化

行政归属：准格尔旗窑沟乡荒地村

GPS坐标：东经111° 25′ 0.75″、北纬39° 53′ 51.1″

海拔高度：1120±5米

遗址位于黄河西岸、荒地村东北一大型台地上。台地南、北两侧均为大型冲沟，东面与05-227（荒地遗址-3）所在台地相邻。遗址主要分布在台地东面的缓坡上，东西约200、南北约250米，总面积约5万平方米。

航片观察在遗址上分布数处成组的圆形痕迹，每组数量不一。此类痕迹在本区域数个遗址中皆有发现，形成原因不详。

荒地遗址 –5（05-229）

文化属性：朱开沟文化、战国

行政归属：准格尔旗窑沟乡荒地村

GPS坐标：东经111° 24′ 46.4″、北纬39° 54′ 03.1″

海拔高度：1164±5米

遗址与05-228（荒地遗址-4）处于同一台地，主要分布在台地顶部及北坡。遗址范围东西约300、南北约300米，总面积约9万平方米。

航片观察未见异常。

121

P. 119 马家圪旦遗址 –1（05-231）

文化属性：永兴店文化

行政归属：准格尔旗窑沟乡马家圪旦村

GPS坐标：东经111° 24′ 58.6″、北纬39° 53′ 11.7″

海拔高度：1063±5米

遗址位于马家圪旦村东部邻近黄河的坡地上。台地南、北为大型冲沟，东部濒临黄河，丰准铁路从遗址下部穿过。遗址范围东西约250、南北约300米，总面积约7.5万平方米。

遗址破坏严重，据以往考古调查和发掘资料，遗址有残存的石城墙，但航片观察未见，亦无其他异常。

P. 120 石壁桥遗址 –2（05-233）

文化属性：官地一期遗存、阿善三期文化、永兴店文化

行政归属：清水河县王桂窑于乡石壁桥村

GPS坐标：东经111° 37′ 32.7″、北纬39° 59′ 54.1″

海拔高度：1141±4米

遗址位于05-232（石壁桥遗址-1）之东，三面临河，地势险峻。遗址范围东西约150、南北约250米，总面积约3.75万平方米。南部陡崖上方存有一段石墙。

航片观察未见其他异常。

★三维视图见196页。

05-241

05-242

05-243

P. 122 **小什犋牛梁遗址 -3（05-241）**

文化属性：战国、汉代
行政归属：清水河县王桂窑子乡小什犋牛梁村
GPS坐标：东经111° 33′ 41.3″、
　　　　　北纬39° 59′ 07.0″
海拔高度：1183±5米

遗址位于小什犋牛梁村西北的扇形台地上。台地南、北面为大型冲沟，西临一特大冲沟，该冲沟大致为西北—东南走向，可达浑河。在该冲沟南、北面的台地上多分布不同时期的遗址。西北隔沟与05-242（青草塔遗址-1）相对。台地顶部呈长方形，地势平坦。遗址主要分布于西面的缓坡上，东西约250、南北约300米，总面积约7.5万平方米。

航片观察未见异常。

P. 123 **青草塔遗址 -1（05-242）**

文化属性：鲁家坡一期遗存、庙子沟文化、
　　　　　永兴店文化、朱开沟文化
行政归属：清水河县王桂窑子乡青草塔村
GPS坐标：东经111° 33′ 35.0″、
　　　　　北纬39° 59′ 22.1″
海拔高度：1220±7米

遗址位于05-241（小什犋牛梁遗址-3）西北方向，地貌、地形相似。遗址主要分布于西、北坡地上，东西约300、南北约250米，总面积约7.5万平方米。

航片观察未见异常。

P. 124 **青草塔遗址 -2（05-243）**

文化属性：永兴店文化、战国
行政归属：清水河县王桂窑子乡青草塔村
GPS坐标：东经111° 33′ 27.8″、
　　　　　北纬39° 59′ 37.8″
海拔高度：1227±8米

遗址位于青草塔村西部的扇形台地上。台地南、北两侧紧邻大型冲沟，北面与05-244（解放遗址-1）隔沟相望，南面与05-242（青草塔遗址-1）隔沟相对。遗址主要分布于台地顶部，东西约400、南北约300米，总面积约12万平方米。

航片观察未见异常。

05-244

05-249

05-250

P. 126   **解放遗址–1**（05-244）

文化属性：鲁家坡一期遗存、庙子沟文化、
阿善三期文化、朱开沟文化、战国

行政归属：清水河县王桂窑子乡解放村

GPS坐标：东经111°33′14.3″、
北纬39°59′56.4″

海拔高度：1234±5米

遗址位于05-243（青草塔遗址–2）西北方向的三角形台地上，西面隔沟可见解放村。遗址主要分布于台地西坡，东西约300、南北约250米，总面积约7.5万平方米。

航片观察未见异常。

P. 127   **解放遗址–3**　（05-249）

文化属性：庙子沟文化、永兴店文化、朱开
沟文化、战国

行政归属：清水河县王桂窑子乡解放村

GPS坐标：东经111°32′29.3″、
北纬39°59′42.4″

海拔高度：1185±5米

遗址位于解放村西面、东西走向一大型山梁的东北部临近冲沟地带，北侧为一大型冲沟，南侧隔沟与05-250（解放遗址–4）相望。遗址范围东西约500、南北约250米，总面积约12.5万平方米。

航片观察未见异常。

P. 128   **解放遗址–4**（05-250）

文化属性：庙子沟文化、阿善三期文化、朱
开沟文化、战国、汉代

行政归属：清水河县王桂窑子乡解放村

GPS坐标：东经111°32′34.9″、
北纬39°59′38.1″

海拔高度：1229±6米

遗址位于05-249（解放遗址–3）南面，与其隔沟相望，南侧近邻冲沟，东面临近一条大型冲沟，雨水充沛时可见细流蜿蜒。遗址主要分布于东面坡地，东西约450、南北约500米，总面积约22.5万平方米。

航片观察未见异常。

05-251

05-256

P.130 常家河遗址 –5 （05-251）

文化属性：永兴店文化、汉代

行政归属：清水河县王桂窑子乡常家河村

GPS坐标：东经111°32′07.2″、
北纬39°59′25.6″

海拔高度：1232±4米

遗址与05-250（解放遗址-4）位于同一台地，在前者西南方向。南侧冲沟向东经05-250遗址连通东侧大型冲沟。遗址主要分布于台地南面的缓坡上，东西约350、南北约350米，总面积约12.25万平方米。

遗址地表沙化较为严重，航片观察未见异常。

P.131 把兔沟遗址 –2 （05-253）

文化属性：鲁家坡一期遗存、庙子沟文化、
永兴店文化、朱开沟文化

行政归属：清水河县王桂窑子乡把兔沟村

GPS坐标：东经111°33′02.3″、
北纬39°59′07.7″

海拔高度：1195±6米

遗址位于把兔沟村所在台地的东坡上，南侧近邻冲沟，东隔大型冲沟与05-242（青草塌遗址-1）相望，北面为05-255（把兔沟遗址-4）。遗址范围东西约300、南北约250米，总面积约7.5万平方米。

航片观察未见异常。

把兔沟遗址 –4 （05-255）

文化属性：阿善三期文化、永兴店文化、朱
开沟文化

行政归属：清水河县王桂窑子乡把兔沟村

GPS坐标：东经111°32′04.7″、
北纬39°59′15.4″

海拔高度：1174±6米

遗址与05-253（把兔沟遗址-2）位于同一台地，在其北面。遗址范围东西约150、南北约150米，总面积约2.25万平方米。

地表沙化严重，航片观察未见异常。

P.132 把兔沟遗址 –5 （05-256）

文化属性：鲁家坡一期遗存、汉代

行政归属：清水河县王桂窑子乡把兔沟村

GPS坐标：东经111°32′38.7″、
北纬39°58′50.2″

海拔高度：1219±5米

遗址位于把兔沟村南部的大型台地上。台地平面略呈长方形，北侧冲沟深切，北邻05-253（把兔沟遗址-2）、05-255（把兔沟遗址-4）所在台地，南邻05-259（大石沿遗址-1）所在台地。遗址主要分布丁台地南坡，东西约400、南北约400米，总面积约16万平方米。

航片观察在遗址西北坡地下部有一处可疑区域，颜色明显异于周边，形状不甚规则，长边约45、短边约23米。

05-257

05-258

05-259

P. 134 **南崾遗址 −1**（05-257）

文化属性：庙子沟文化、阿善三期文化、朱开沟文化

行政归属：清水河县王桂窑子乡南崾村

GPS坐标：东经111° 33′ 45″、
北纬39° 58′ 20.4″

海拔高度：1143±5米

遗址位于南崾村东北方向的一处狭长台地上。台地东、南、北三面环沟，其中东侧冲沟可入浑河，南面与05-258（南崾遗址-2）隔沟相望。遗址主要分布于台地东部，东西约150、南北约400米，总面积约6万平方米。

地表沙化，遍植柠条，航片观察未见异常。

P. 135 **南崾遗址 −2**（05-258）

文化属性：鲁家坡一期遗存、庙子沟文化、阿善三期文化、战国

行政归属：清水河县王桂窑子乡南崾村

GPS坐标：东经111° 33′ 31″、
北纬39° 58′ 4.9″

海拔高度：1149±5米

遗址位于南崾村东北的台地上。台地北面隔沟与05-257（南崾遗址-1）相对。 遗址主要分布于台地东坡上，东西约250、南北约250米，总面积约6.25万平方米。

航片观察未见异常。

P. 136 **大石墕遗址 −1**（05-259）

文化属性：战国、汉代

行政归属：清水河县王桂窑子乡大石墕村

GPS坐标：东经111° 32′ 37.4″、
北纬39° 58′ 28.5″

海拔高度：1264±6米

遗址位于大石墕村东南部的台地上。台地南、北面均有冲沟，东西狭长，由台地顶部向东至沟底为长缓坡，北面相邻05-256（把兔沟遗址-5）所在台地。遗址主要分布于台地东坡上部，东西约300、南北约200米，总面积约6万平方米。

航片观察未见异常。

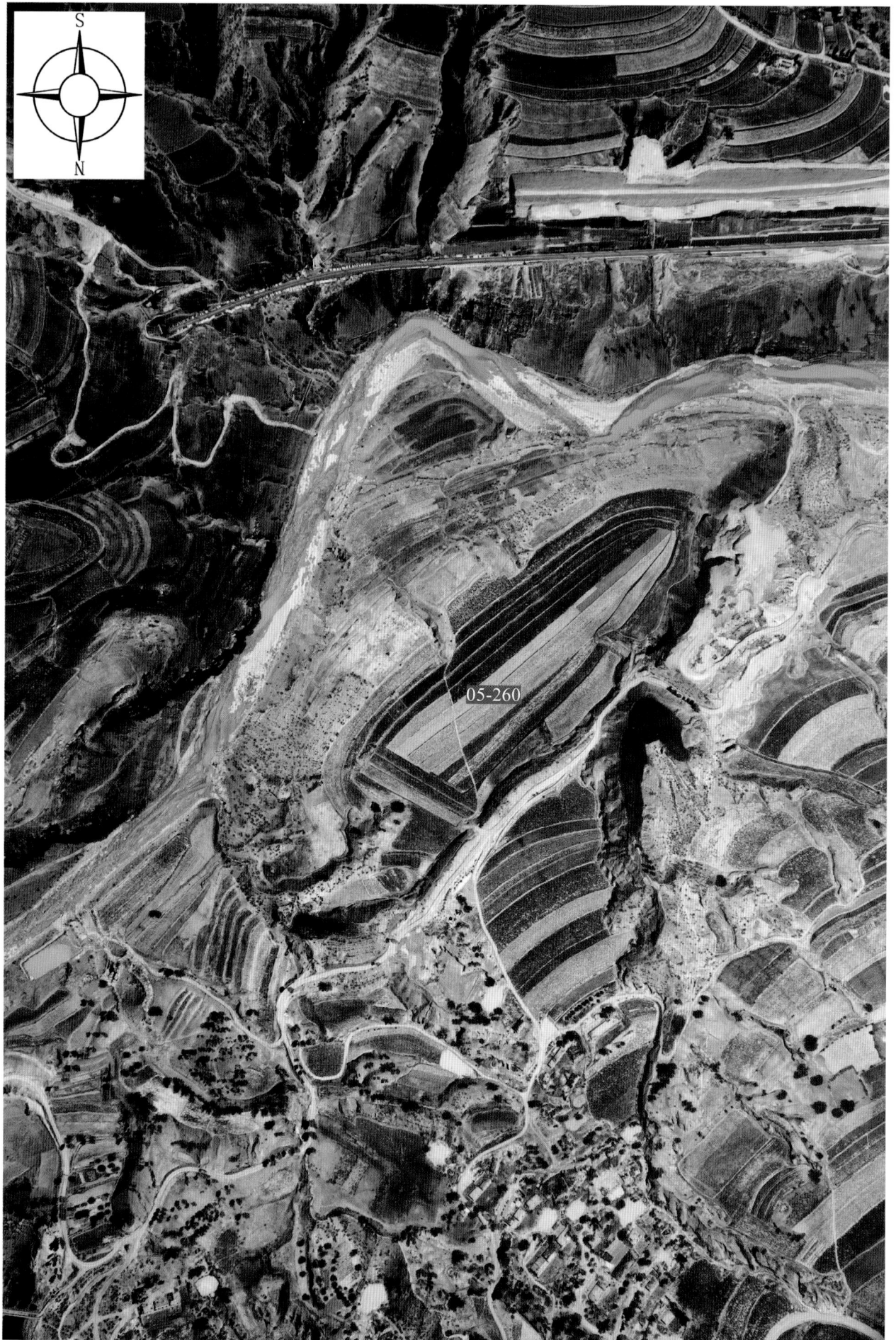

05-260

05-262

05-263

05-262

P. 138　**后石畔遗址 -1**（05-260）

文化属性：鲁家坡一期遗存、阿善三期文化、
　　　　　战国
行政归属：清水河县王桂窑子乡后石畔村
GPS坐标：东经111° 33′ 30.6″、
　　　　　北纬39° 57′ 27.1″
海拔高度：1085±5米

遗址位于后石畔村南、浑河北岸的一级台地上。台地西侧为一较大冲沟，冲沟以西为05-263（后石畔遗址-4），南面、东面临近浑河，河东对岸为04-039（缸房坪遗址-2）。台地顶部地势平坦，遗址东西约250、南北宽约450米，总面积约11.25万平方米。

航片观察未见异常。

P. 139　**后石畔遗址 -3**（05-262）

文化属性：鲁家坡一期遗存、庙子沟文化、
　　　　　战国
行政归属：清水河县王桂窑子乡后石畔村
GPS坐标：东经111° 32′ 51.4″、
　　　　　北纬39° 57′ 25.4″
海拔高度：1089±6米

遗址位于浑河北岸、后石畔村西南方向的一处台地上。台地东面隔冲沟与05-263（后石畔遗址-4）遗址相望。遗址主要分布在邻河缓坡上，东西约300、南北约200米，总面积约6万平方米。

航片观察未见异常。

P. 140　**后石畔遗址 -4**（05-263）

文化属性：鲁家坡一期遗存、永兴店文化、
　　　　　战国
行政归属：清水河县王桂窑子乡后石畔村
GPS坐标：东经111° 33′ 07.9″、
　　　　　北纬39° 57′ 25.9″
海拔高度：1086±6米

遗址位于浑河北岸、后石畔村西南方向的一处台地上。遗址东面隔冲沟与05-260（后石畔遗址-1）相邻，西面冲沟以西为05-262（后石畔遗址-3）。遗址主要分布于临河缓坡，东西约200、南北约300米，总面积约6万平方米。

航片观察未见异常。

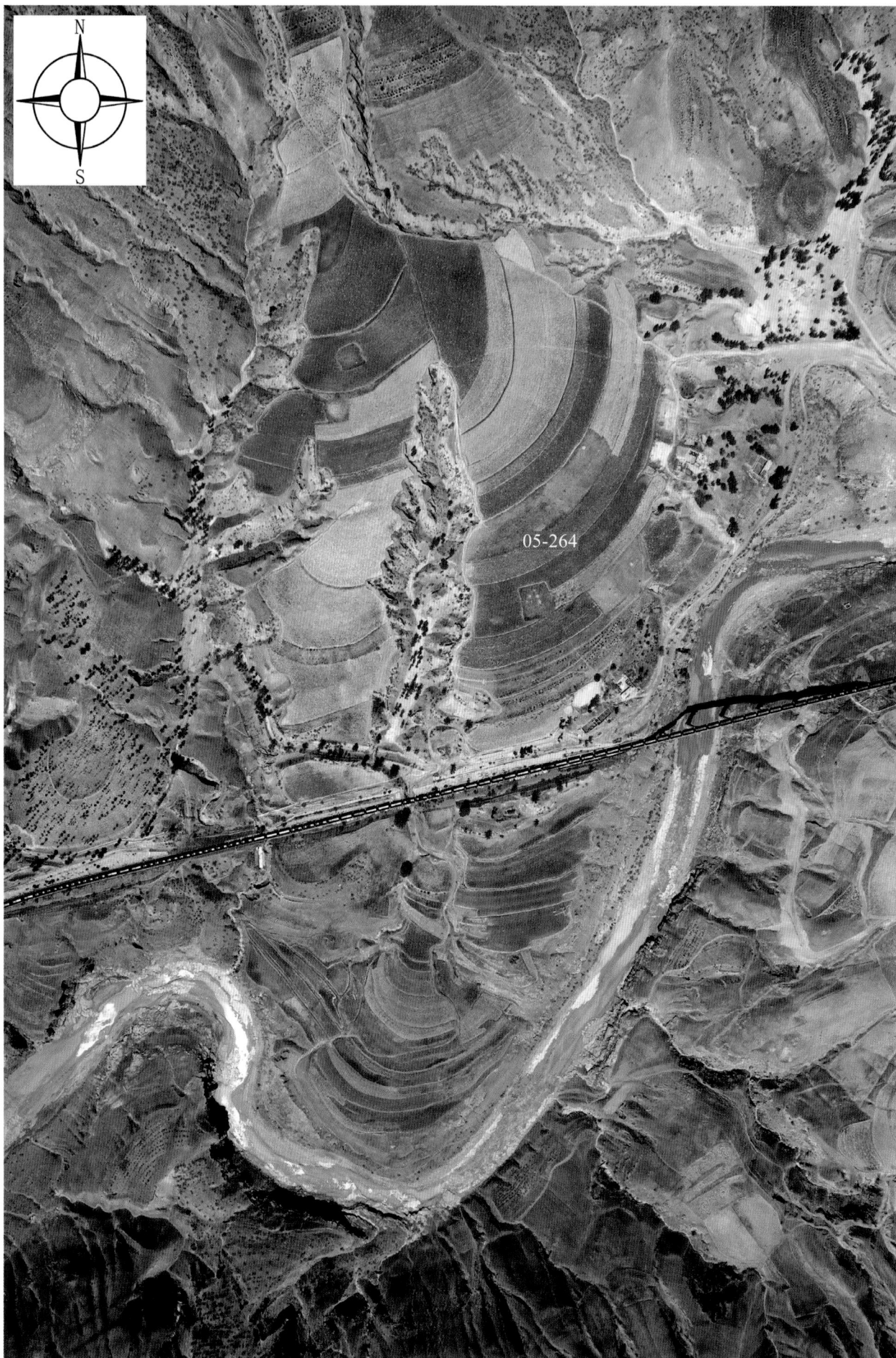

05-264

P. 142 **言正子遗址 –1（05-264）**

文化属性： 鲁家坡一期遗存、庙子沟文化、
永兴店文化、朱开沟文化、战国、
汉代

行政归属： 清水河县王桂窑子乡言正子村

GPS坐标： 东经111° 32′ 22.4″、
北纬39° 57′ 16.0″

海拔高度： 1087±5米

遗址位于浑河北岸、言正子村东北的一扇形台地上。台地前部突出，南面、东面临河。遗址中部有一南北向冲沟将遗址分割为东、西两部分，丰准铁路从遗址东西向经过并将遗址一分为二，东北隔缓坡与05-262（后石畔遗址-3）相邻。遗址主要分布于临河缓坡上，东西约300、南北约550米，总面积约16.5平方米。

航片观察未见异常。

P. 143 **胶泥圪垯遗址 –1（05-273）**

文化属性： 阿善三期文化、朱开沟文化

行政归属： 清水河县王桂窑子乡胶泥圪垯村

GPS坐标： 东经111° 31′ 26.8″、
北纬39° 57′ 37.2″

海拔高度： 1210±6米

遗址位于浑河北岸、胶泥圪垯村北部的大型台地上。台地总体地势北高南低，东、西两侧临冲沟，南部为逐级下降的陡坡，陡坡下方临河，西南方向隔胶泥圪垯村为05-274（胶泥圪垯遗址-2）。遗址主要分布在台地顶部，东西约300、南北约250米，总面积约7.5万平方米。

航片观察未见异常。

P. 144 **后城咀遗址 –1（05-277）**

文化属性： 永兴店文化、战国

行政归属： 清水河县王桂窑子乡后城咀村

GPS坐标： 东经111° 30′ 41.7″、
北纬39° 56′ 50.2″

海拔高度： 1049±7米

遗址位于后城咀村南、浑河北岸的一级台地上。台地向南突出，东、西、南三面邻河，北面近邻05-278（后城咀遗址-2）大型石城。遗址范围东西约200、南北约200米，总面积约4万平方米。

航片观察未见异常。

05-278

05-290

05-291

P. 146　**后城咀遗址 -2**（05-278）

文化属性：庙子沟文化、永兴店文化

行政归属：清水河县王桂窑子乡后城咀村

GPS坐标：东经111° 30′ 47.1″、

　　　　　北纬39° 57′ 26.4″

海拔高度：1191±7米

遗址位于浑河北岸的大型台地上，西、东、北三面为冲沟环绕，南临浑河，地形封闭，只有北部存有与外界相连的通道。台地以东北顶部为制高点，向四周渐次下降，台地内沟壑较多。河对岸西为04-064（阳坡上遗址-2），东为04-061（下脑包遗址-2）。遗址为一座大型石城址，基本占据整个台地，东西长1200、南北约1150米，总面积约138万平方米。城址墙体依照地势兴建，大致保存完好。北墙辟有城门，马面等设施清晰可见。

航片观察未见异常。

★三维视图见181、197~199页。

P. 147　**印牛咀遗址 -1**（05-290）

文化属性：鲁家坡一期遗存、庙子沟文化、

　　　　　永兴店文化、朱开沟文化、汉代

行政归属：清水河县王桂窑子乡印牛咀村

GPS坐标：东经111° 27′ 59.5″、

　　　　　北纬39° 59′ 53.4″

海拔高度：1238±4米

遗址位于印牛咀村北部的台地上，南面为一大型冲沟，隔冲沟与05-292（井路咀遗址-2）相对。遗址主要分布于台地顶部，东西约450、南北约250，总面积约11.25万平方米。

航片观察未见异常。

P. 148　**井路咀遗址 -1**（05-291）

文化属性：鲁家坡一期遗存

行政归属：清水河县王桂窑子乡井路咀村

GPS坐标：东经111° 28′ 23.3″、

　　　　　北纬39° 59′ 25.5″

海拔高度：1270±5米

遗址位于井路咀村北、一东西向山梁中部。山梁南、北、西三面邻大型冲沟，西面冲沟直通黄河。遗址东西约300、南北约250米，总面积约7.5万平方米。西面隔一小冲沟为05-292（井路咀遗址-2）。

航片观察在遗址北坡有一处异常，略呈长方形，颜色较浅，长32、宽11米。

05-292

05-297

05-298

P. 150 **井路咀遗址 –2（05-292）**

文化属性：庙子沟文化、阿善三期文化、永
　　　　　兴店文化、朱开沟文化、战国
行政归属：清水河县王桂窑子乡井路咀村
GPS坐标：东经111°28′57.3″、
　　　　　北纬39°59′28.6″
海拔高度：1219±5米

遗址与05-291（井路咀遗址-1）处于同一山梁，位于山梁西端，北部隔大型冲沟可见05-290（印牛咀遗址-1）。遗址范围东西约450、南北约350米，总面积约15.75万平方米。

航片观察未见异常。

P. 151 **小偏头遗址 –1（05-297）**

文化属性：永兴店文化
行政归属：清水河县王桂窑子乡小偏头村
GPS坐标：东经111°29′19.8″、
　　　　　北纬39°57′59.1″
海拔高度：1218±5米

遗址位于小偏头村东面的坡地上，地势平缓，西北方向为05-298（小偏头遗址-2）。遗址范围东西约350、南北约150米，总面积约5.25万平方米。

航片观察未见异常。

P. 152 **小偏头遗址 –2（05-298）**

文化属性：汉代
行政归属：清水河县王桂窑子乡小偏头村
GPS坐标：东经111°28′58.6″、
　　　　　北纬39°58′14.7″
海拔高度：1254±7米

遗址位于小偏头村西北的台地上。台地西、南两面均邻冲沟，其中西面冲沟可通黄河，东南方向为05-297（小偏头遗址-1）。遗址主要分布于台地顶部，东西约500、南北约350米，总面积约17.5平方米。

航片观察未见异常。

05-300

05-301

05-314

P. 154 **大峁梁遗址 -2（05-300）**

文化属性：官地一期遗存、鲁家坡一期遗存、
　　　　　庙子沟文化

行政归属：清水河县王桂窑子乡大峁梁村

GPS坐标：东经111°29′43.4″、
　　　　　北纬39°57′16.9″

海拔高度：1172±5米

遗址位于浑河北岸一大型台地上。台地北、东、西三面环绕冲沟，东、西两侧冲沟通达浑河，南面坡地被数条小型冲沟切割。遗址东面与05-278（后城咀遗址-2）隔沟相对，西南方向临河坡地为05-301（大峁梁遗址-3）。遗址主要分布在台地顶部，东西约500、南北约250米，总面积约12.5万平方米。

航片观察未见异常。

P. 155 **大峁梁遗址 -3（05-301）**

文化属性：庙子沟文化、阿善三期文化

行政归属：清水河县王桂窑子乡大峁梁村

GPS坐标：东经111°29′38.6″、
　　　　　北纬39°57′06.1″

海拔高度：1149±5米

遗址位于浑河北岸、05-300（大峁梁遗址-2）所在台地的西南坡上。遗址范围东西约350、南北约270米，总面积约9.45万平方米。

航片观察未见异常。

P. 156 **后河遗址 -1（05-314）**

文化属性：鲁家坡一期遗存、庙子沟文化、
　　　　　永兴店文化、朱开沟文化、战国

行政归属：清水河县王桂窑子乡后河村

GPS坐标：东经111°28′57.1″、
　　　　　北纬39°56′32.4″

海拔高度：1068±8米

遗址位于浑河北岸的扇形坡地上，地势向北渐次升高。遗址范围东西约250、南北约200米，总面积约5万平方米。

航片观察未见异常。

05-317

05-323

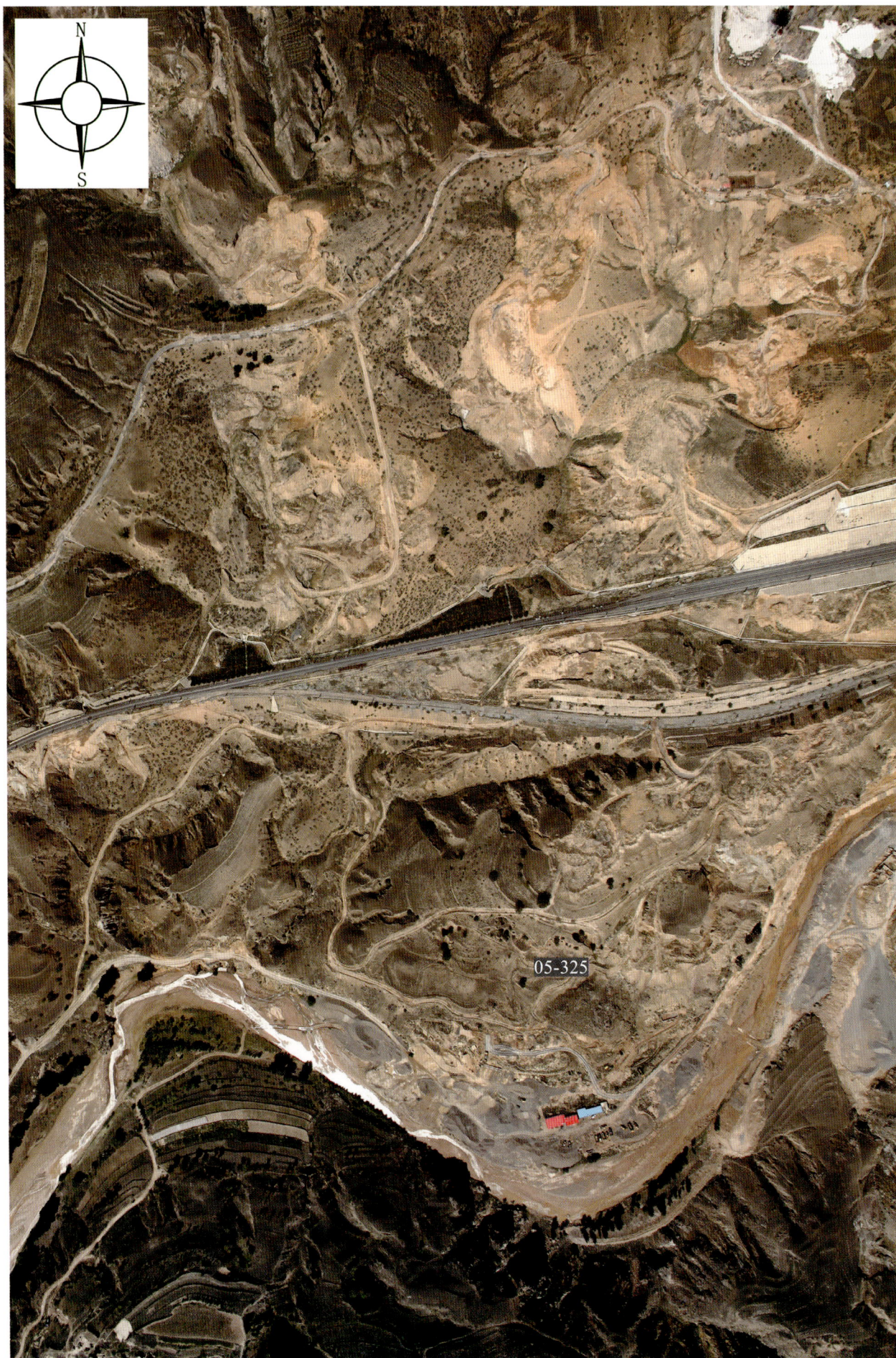

05-325

P. 158 **后河遗址 -4**（05-317）

文化属性：鲁家坡一期遗存、朱开沟文化、
          战国
行政归属：清水河县王桂窑子乡后河村
GPS坐标：东经111° 28′ 32.9″、
          北纬39° 56′ 40.2″
海拔高度：1086±5米

遗址位于浑河北岸、后河村与丰准铁路老牛湾车站之间的坡地上。遗址范围东西约250、南北约200米，总面积约5万平方米。
　　航片观察未见异常。

P. 159 **火烧塲遗址 -2**（05-323）

文化属性：阿善三期文化
行政归属：清水河县王桂窑子乡火烧塲村
GPS坐标：东经111° 27′ 24.7″、
          北纬39° 57′ 37.1″
海拔高度：1092±7米

遗址位于火烧塲村西南方向一台地顶部。台地北侧大型冲沟可通黄河。遗址范围东西约200、南北约200米，总面积约4万平方米。
　　航片观察未见异常。

P. 160 **窑子上遗址 -2**（05-325）

文化属性：阿善三期文化、朱开沟文化、汉代
行政归属：清水河县王桂窑子乡窑子上村
GPS坐标：东经111° 27′ 18.6″、
          北纬39° 56′ 20.0″
海拔高度：1023±5米

遗址位于窑子上村东南方向、浑河北岸的一级台地上。台地向南突出，三面临河。遗址主要分布于台地南部的缓坡，东西约300、南北约250米，总面积约7.5万平方米。
　　航片观察未见异常。

05-327

05-367

P. 162　**窑子上遗址 –4（05-327）**

文化属性：庙子沟文化、战国

行政归属：清水河县王桂窑子乡窑子上村

GPS坐标：东经111°26′53.8″、

　　　　　北纬39°56′30.5″

海拔高度：1062±5米

遗址位于黄河东岸、浑河北岸，窑子上村东的一处台地上，西南隔冲沟与05-330（窑子上遗址-7）相邻。遗址主要分布于台地西坡，东西约400、南北约300米，总面积约12万平方米。

航片观察遗址西南坡下端存有一处异常，为两个有打破关系的圆形痕迹，直径分别为7、15米。类似现象存在于其他数个遗址，成因不详。

P. 163　**窑子上遗址 –7（05-330）**

文化属性：庙子沟文化、阿善三期文化、战国

行政归属：清水河县王桂窑子乡窑子上村

GPS坐标：东经111°26′38.6″、

　　　　　北纬39°56′16.1″

海拔高度：1072±4米

遗址位于黄河与浑河交汇处的台地北部、窑子上村南。南、北两侧邻冲沟，南部隔冲沟邻05-367（岔河口遗址-1）。遗址主要分布于台地东坡，东西约350、南北约300米，总面积约10.5万平方米。

航片观察未见异常。

★三维视图见200页。

P. 164　**岔河口遗址 –1（05-367）**

文化属性：鲁家坡一期遗存、阿善三期文化

行政归属：清水河县王桂窑子乡岔河口村

GPS坐标：东经111°26′27.3″、

　　　　　北纬39°55′55.5″

海拔高度：1058±6米

遗址位于黄河、浑河交汇处的台地南部、岔河口村北。台地东西狭长，北部为05-330（窑子上遗址-7）。台地顶部浑圆，四周地势渐次下降，临河多为陡峭的山崖。遗址遍布整个台地，东西约500、南北约550米，总面积约27.5万平方米。

航片观察在遗址西北坡地有一处异常，大致为西北—东南向方形痕迹，颜色较浅，边长23米。

★三维视图见200页。

05-334

05-335

05-337

P. 166 **石畔遗址 –2**（05-334）

文化属性：庙子沟文化、战国

行政归属：清水河县王桂窑子乡石畔村

GPS坐标：东经111°26′21.3″、
　　　　　北纬39°57′06.6″

海拔高度：1043±6米

　　遗址位于黄河东岸、石畔村东北，处于一东北—西南向延伸至黄河山梁中部的台地上。山梁两侧邻大型冲沟，临河台地为05-335（石畔遗址-3）。遗址范围东西约550、南北约400米，总面积约22万平方米。

　　航片观察未见异常。

P. 167 **石畔遗址 –3**（05-335）

文化属性：庙子沟文化、永兴店文化、战国、
　　　　　汉代

行政归属：清水河县王桂窑子乡石畔村

GPS坐标：东经111°25′24.5″、
　　　　　北纬39°56′55.4″

海拔高度：1052±5米

　　遗址位于黄河东岸、石畔村西临河的台地上，与05-334（石畔遗址-2）处于同一山梁。遗址范围东西约200、南北约300米，总面积约6万平方米。

　　航片观察未见异常。

P. 168 **卢子梁遗址 –1**（05-337）

文化属性：朱开沟文化

行政归属：清水河县王桂窑子乡卢子梁村

GPS坐标：东经111°27′40.6″、
　　　　　北纬39°58′16.7″

海拔高度：1234±6米

　　遗址位于卢子梁村东面的台地顶部，地势平坦。遗址范围东西约350、南北约300米，总面积约10.5万平方米。

　　航片观察未见异常。

05-339

05-340

05-343

P. 170　**酒铺墕遗址 –1（05-339）**

文化属性：庙子沟文化、朱开沟文化、汉代
行政归属：清水河县王桂窑子乡酒铺墕村
GPS坐标：东经111°26′14.2″、
　　　　　北纬39°58′16.2″
海拔高度：1166±4米

遗址位于黄河东岸、酒铺墕村北的一处台地上，地势东高西低。遗址主要分布于台地顶部，东西约250、南北约350米，总面积约8.75万平方米。

航片观察未见异常。

P. 171　**酒铺墕遗址 –2（05-340）**

文化属性：官地一期遗存、永兴店文化、朱开沟文化
行政归属：清水河县王桂窑子乡酒铺墕村
GPS坐标：东经111°25′31.2″、
　　　　　北纬39°57′08.6″
海拔高度：1092±6米

遗址位于黄河东岸、酒铺墕村南的台地上，南北两侧近邻冲沟。地面调查发现台地上存有一座石城址，东、南、北三面墙体清晰可见。现遗址被采石场破坏殆尽。遗址范围东西约200、南北150米，总面积约3万平方米。

航片观察未见城墙及其他异常。

P. 172　**酒铺墕遗址 –5（05-343）**

文化属性：鲁家坡一期遗存、庙子沟文化、战国
行政归属：清水河县王桂窑子乡酒铺墕村
GPS坐标：东经111°25′52.1″、
　　　　　北纬39°57′44.6″
海拔高度：1135±9米

遗址位于黄河东岸、酒铺墕村南一东西狭长的坡地上，南北两侧为冲沟。遗址范围东西约350、南北约400米，总面积约14万平方米。

航片观察在遗址南侧有一长方形异常，颜色较浅，长23、宽18米。

05-351

05-353

05-354

05-364

P. 174 **下塔遗址 -3（05-351）**

文化属性：庙子沟文化、阿善三期文化、战国
行政归属：清水河县王桂窑子乡下塔村
GPS坐标：东经111° 25′ 18.0″、
　　　　　北纬39° 58′ 42.7″
海拔高度：1066±5米

遗址位于黄河东岸、下塔村北面的一处大型台地上。台地南、北两侧邻近大型冲沟直入黄河，北部被一西北—东南向冲沟分割，东侧狭长的缓坡为进出台地的唯一通道，西南方向与05-201（大路圪旦遗址-1）隔河相望。遗址基本占据整个台地，东西约900、南北约500米，总面积约45万平方米。

航片观察遗址内存有石墙，保存较好。

★三维视图见201、202页。

P. 175 **栅稍墕遗址 -2（05-353）**

文化属性：鲁家坡一期遗存、庙子沟文化、
　　　　　永兴店文化、战国
行政归属：清水河县王桂窑子乡栅稍墕村
GPS坐标：东经111° 27′ 40.3″、
　　　　　北纬39° 59′ 13.5″
海拔高度：1210±5米

遗址位于栅稍墕村西北、一东西走向狭长山梁西端的台地上，南面隔冲沟正对05-354（栅稍墕遗址-3）。遗址范围东西约300、南北约250米，总面积约7.5万平方米。

航片观察未见异常。

P. 176 **栅稍墕遗址 -3（05-354）**

文化属性：庙子沟文化、阿善三期文化、永
　　　　　兴店文化
行政归属：清水河县王桂窑子乡栅稍墕村
GPS坐标：东经111° 27′ 24.6″、
　　　　　北纬39° 59′ 00.4″
海拔高度：1185±6米

遗址位于栅稍墕村西、村落所在山梁西部的一处台地上，北面隔冲沟与05-353（栅稍墕遗址-2）相望。遗址范围东西约400、南北约250米，总面积约10万平方米。

航片观察未见异常。

P. 177 **二道塔遗址 -1（05-364）**

文化属性：战国、汉代
行政归属：清水河县王桂窑子乡二道塔村
GPS坐标：东经111° 25′ 10.5″、
　　　　　北纬39° 59′ 14.3″
海拔高度：1053±7米

遗址位于黄河东岸、二道塔村南的扇形坡地上，南、北两侧邻冲沟，南部被采石场破坏。遗址范围东西约200、南北约300米，总面积约6万平方米。

航片观察未见异常。

遗址三维视图

浑河下游航空摄影考古报告

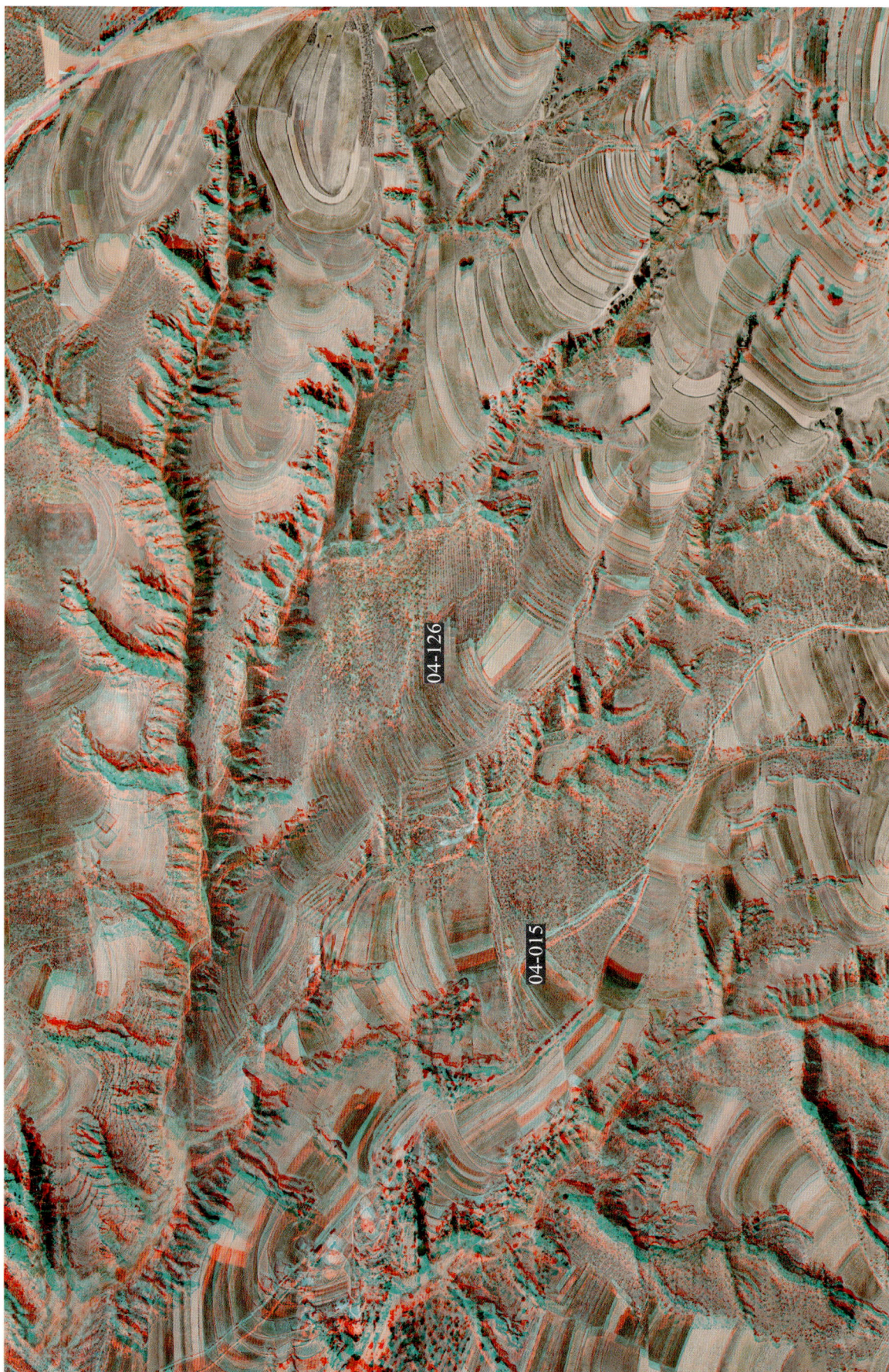

04-126

04-015

黄荞城遗址-2、刘四窑子遗址-1三维视图（04-015、04-126）

05-278

04-061

04-064

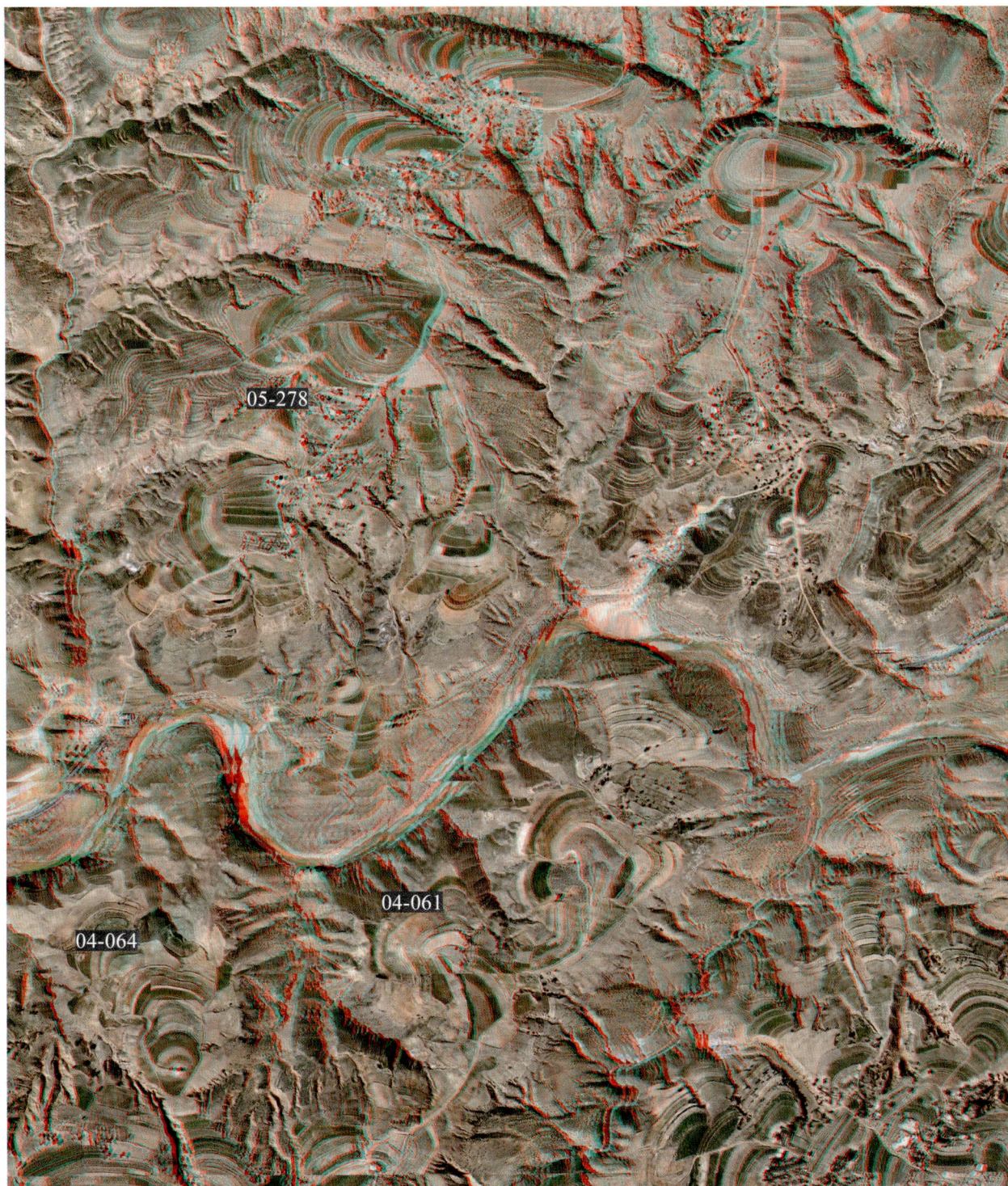

下脑包遗址-2、阳坡上遗址-2、后城咀遗址-2石城群三维视图（04-061、04-064、05-278）

下脑包遗址—2三维视图（04—061）

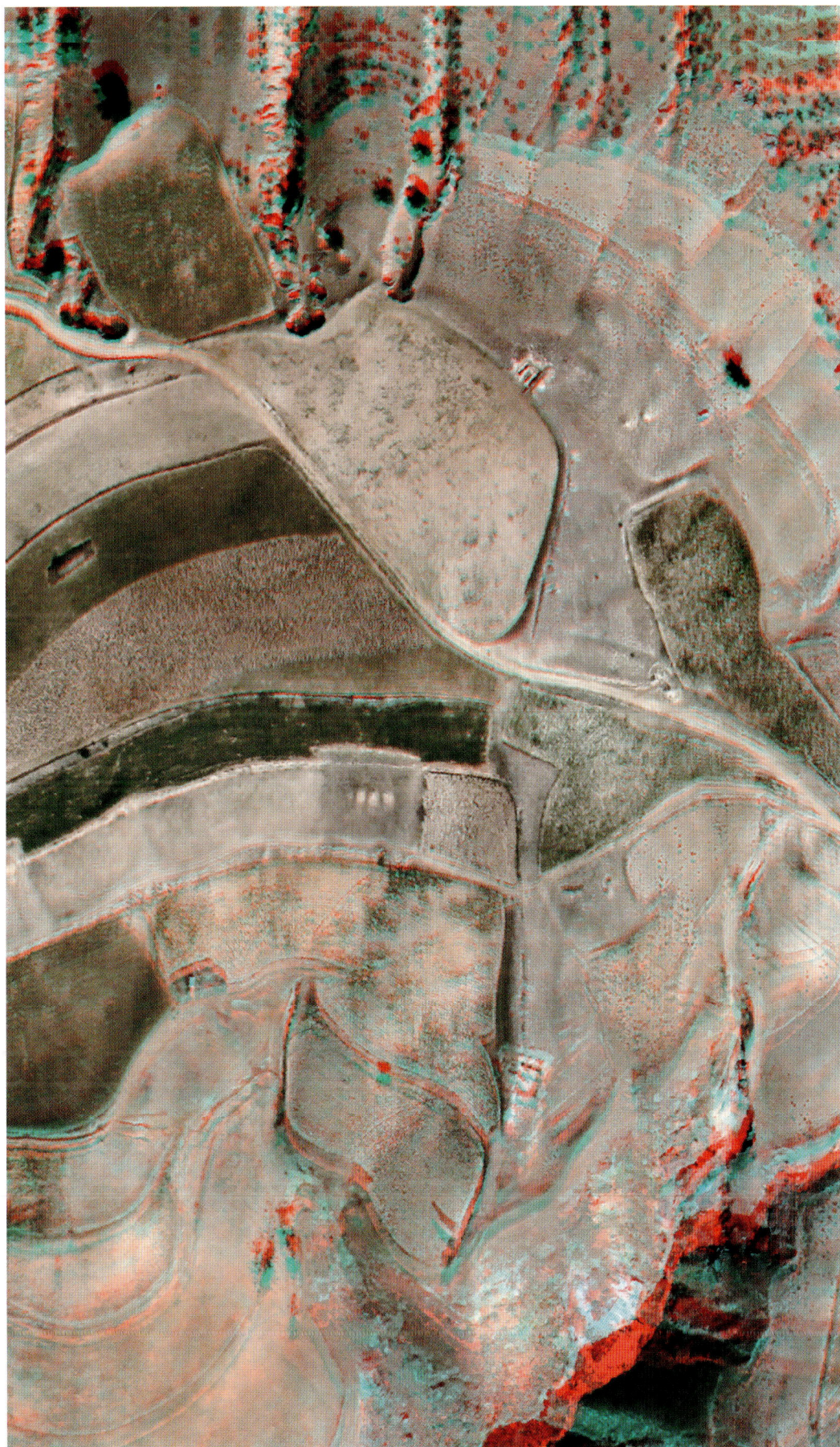

下脑包遗址—2坡墙三维图 （04—061）

阳坡上遗址-2三维视图（04-064）

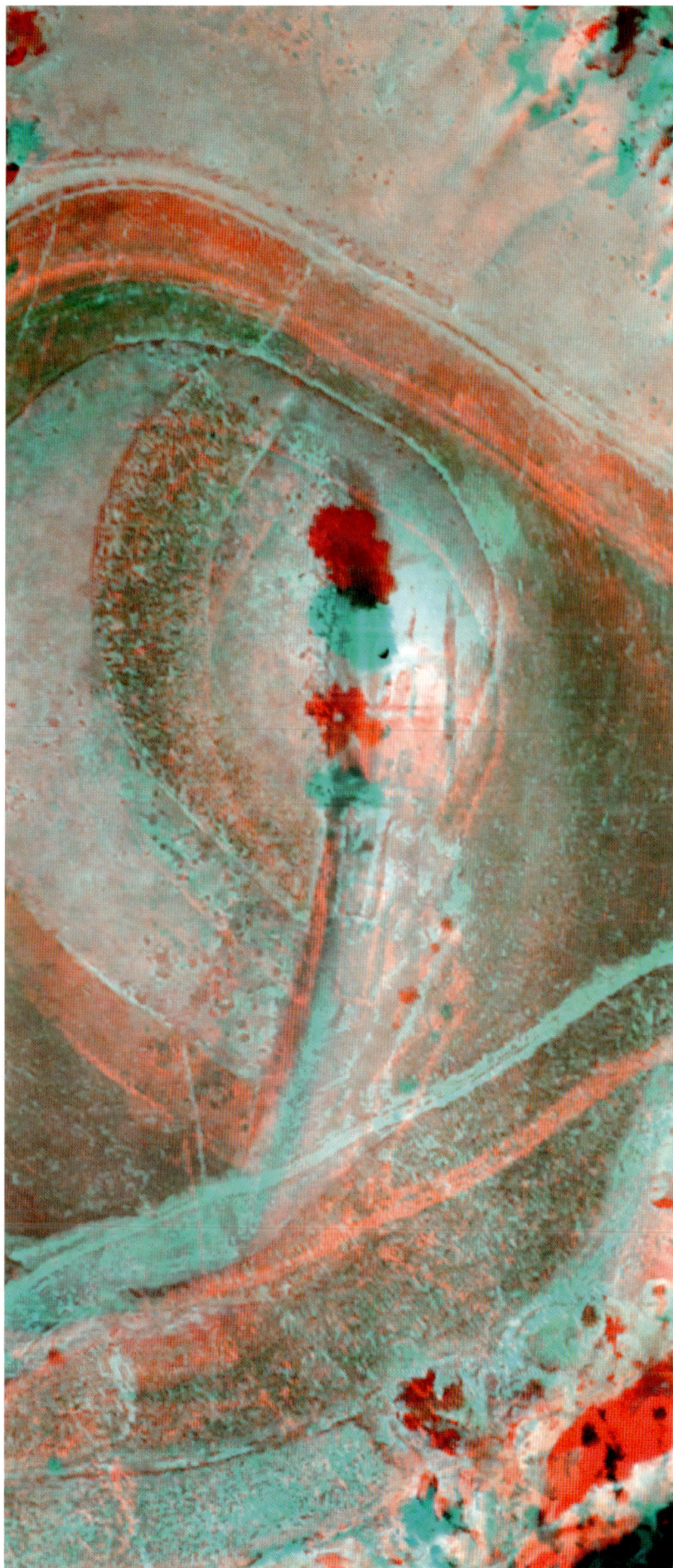

阳坡上遗址—2坡墙三维视图（04—064）

小缸房遗址-3三维视图 (04-090)

城咀遗址—1三维视图（04—101）

城咀遗址-1西部三维视图 (04—101)

城咀遗址—1南部三维视图（04—101）

城咀遗址-3三维视图（04—103）

城咀遗址—3近景三维视图（04—103）

城咀遗址—3北部三维视图 （04—103）

大路圪旦遗址—1三维视图（05-201）

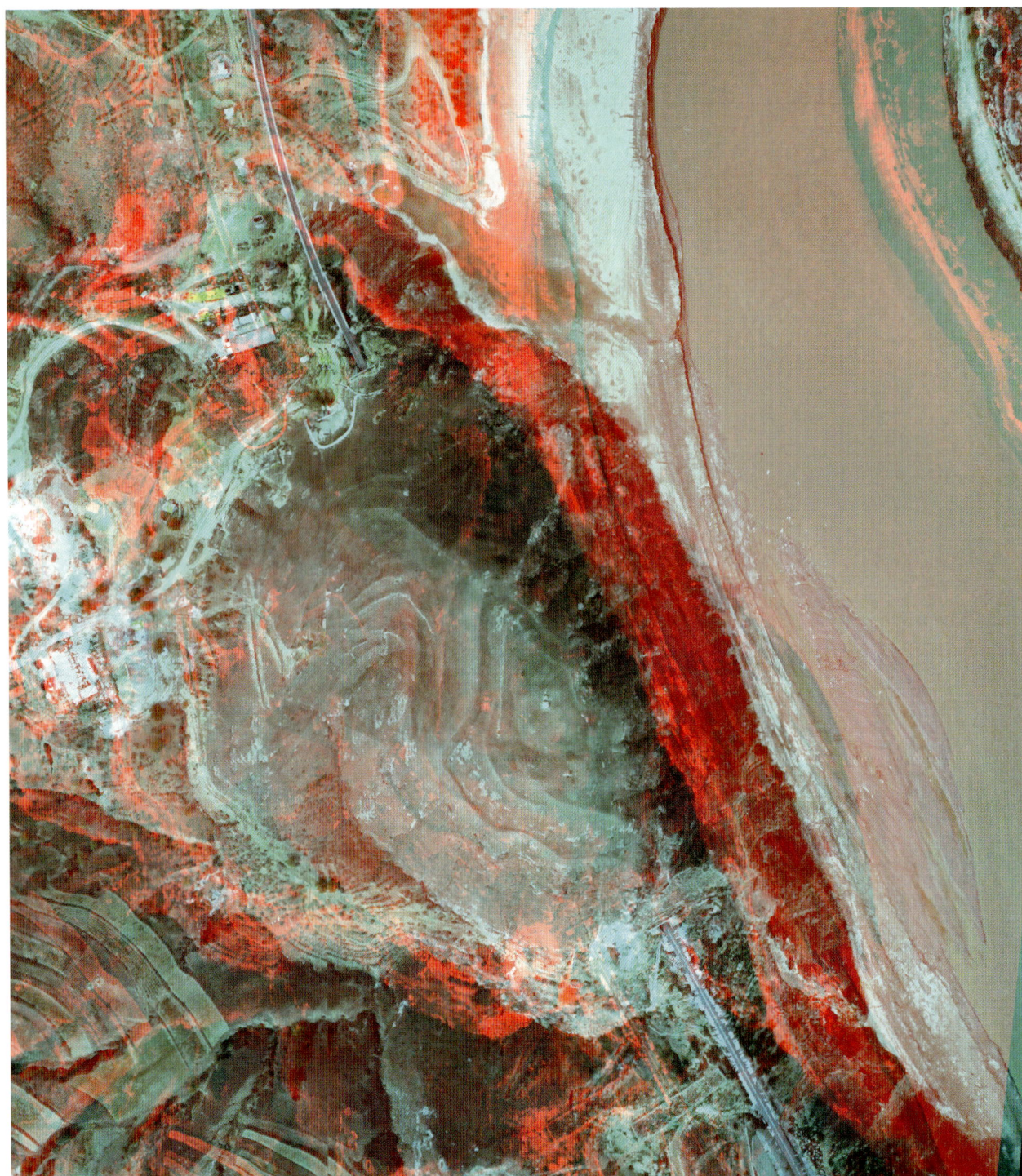

荒地遗址-1三维视图 (05-225)

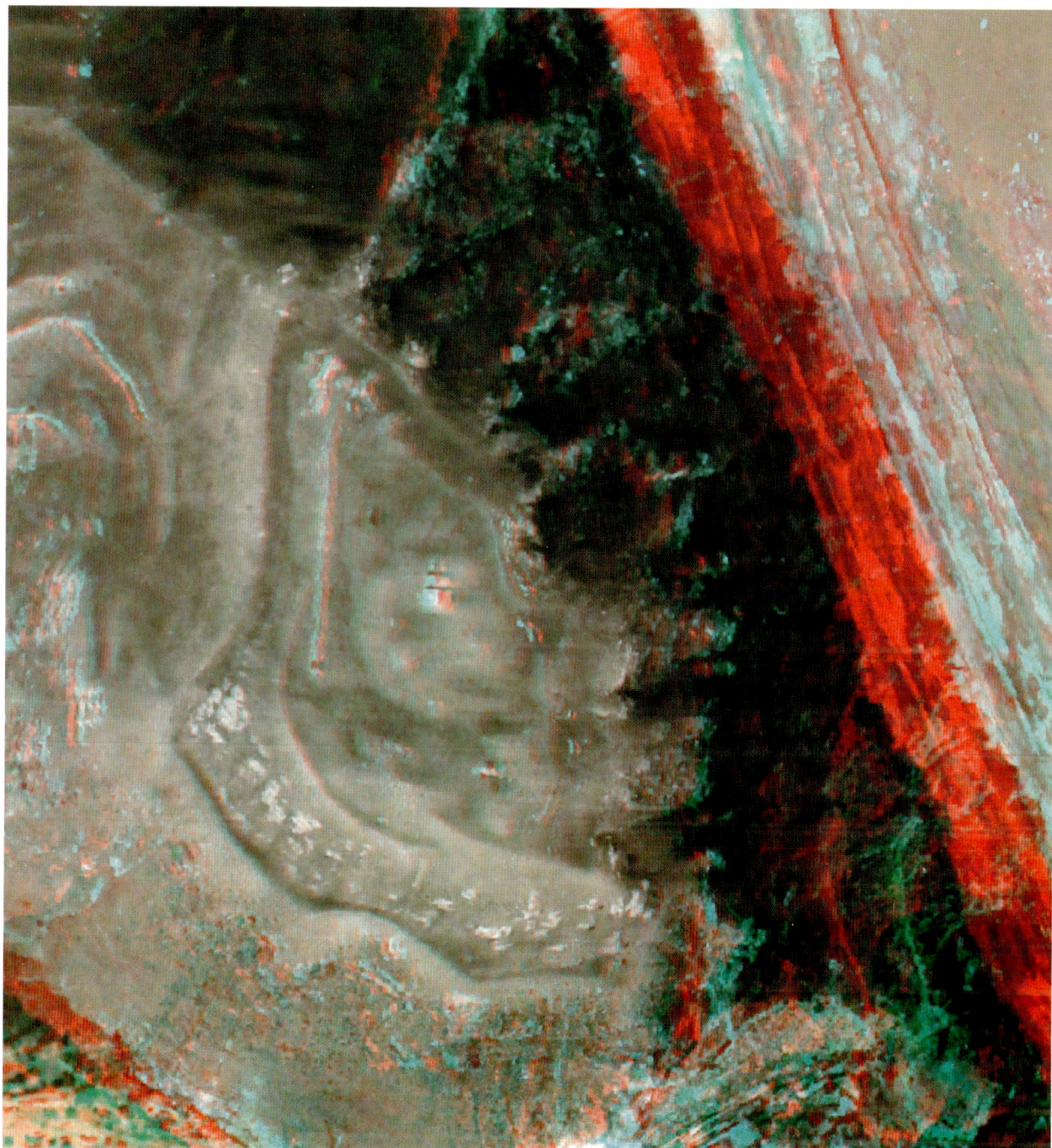

荒地遗址-1三维视图 (05-225)

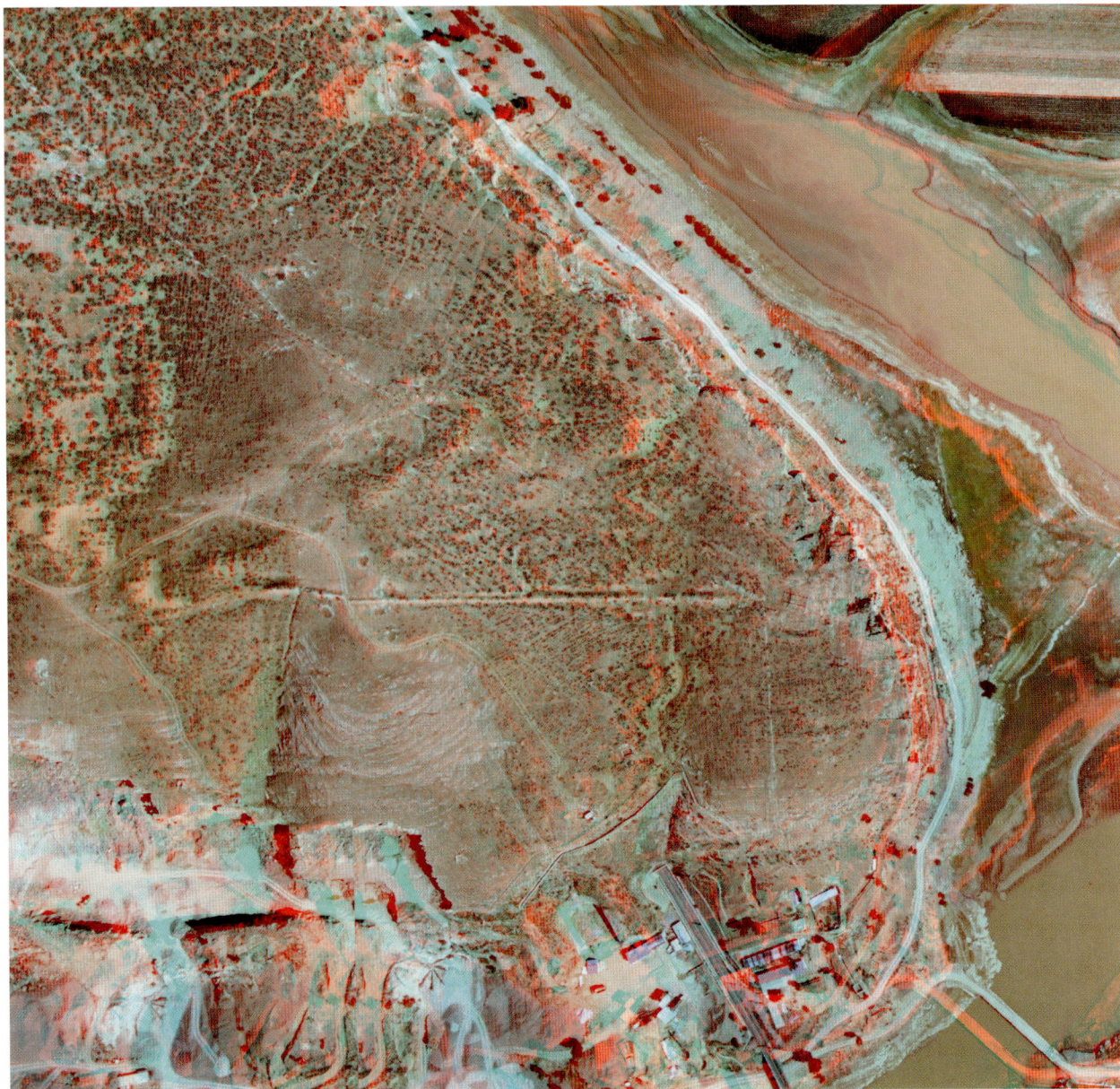

石壁桥遗址-2三维视图（05-233）

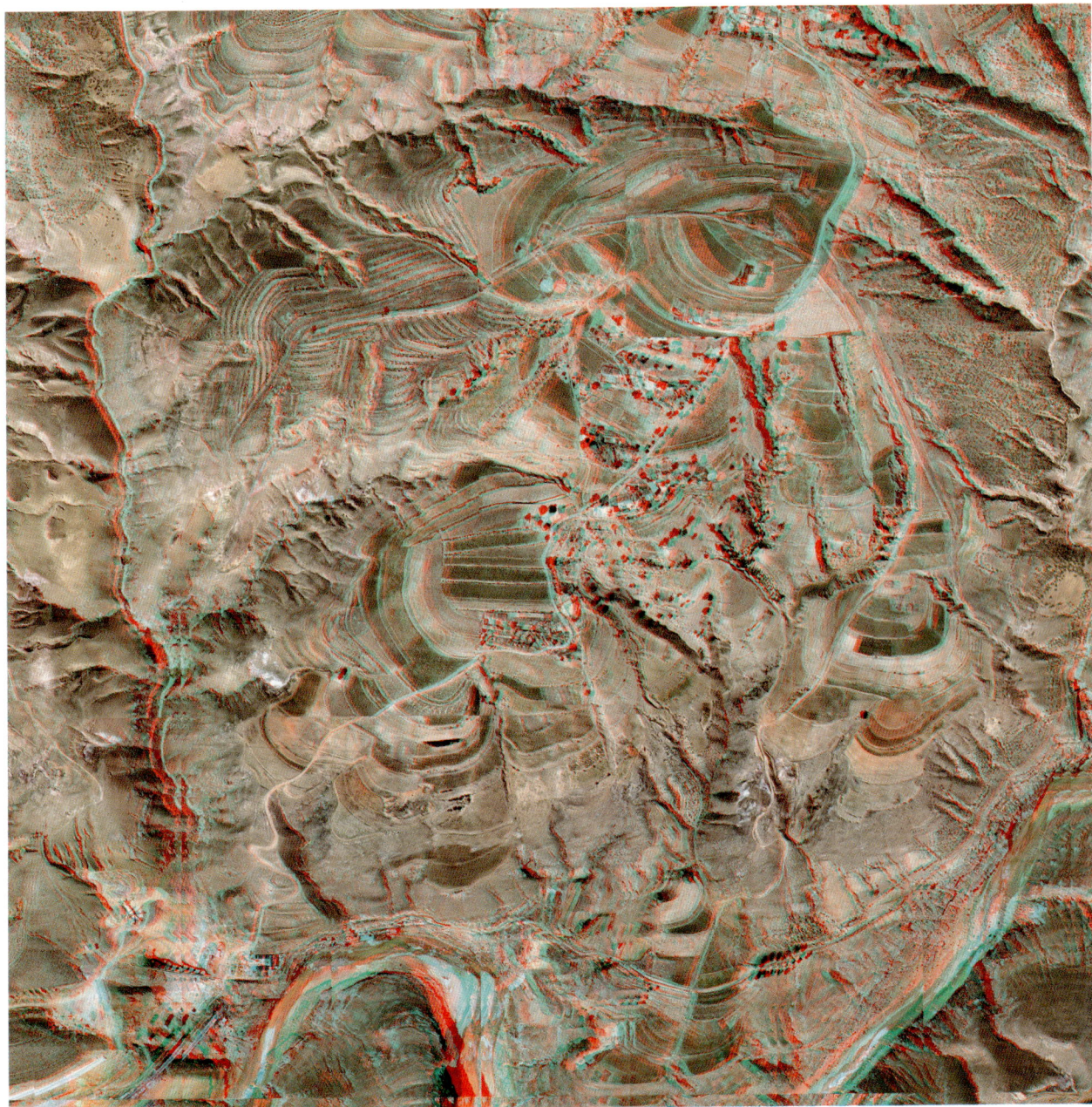

后城咀遗址—2三维视图（05—278）

后城咀遗址-2北部三维视图 (05-278)

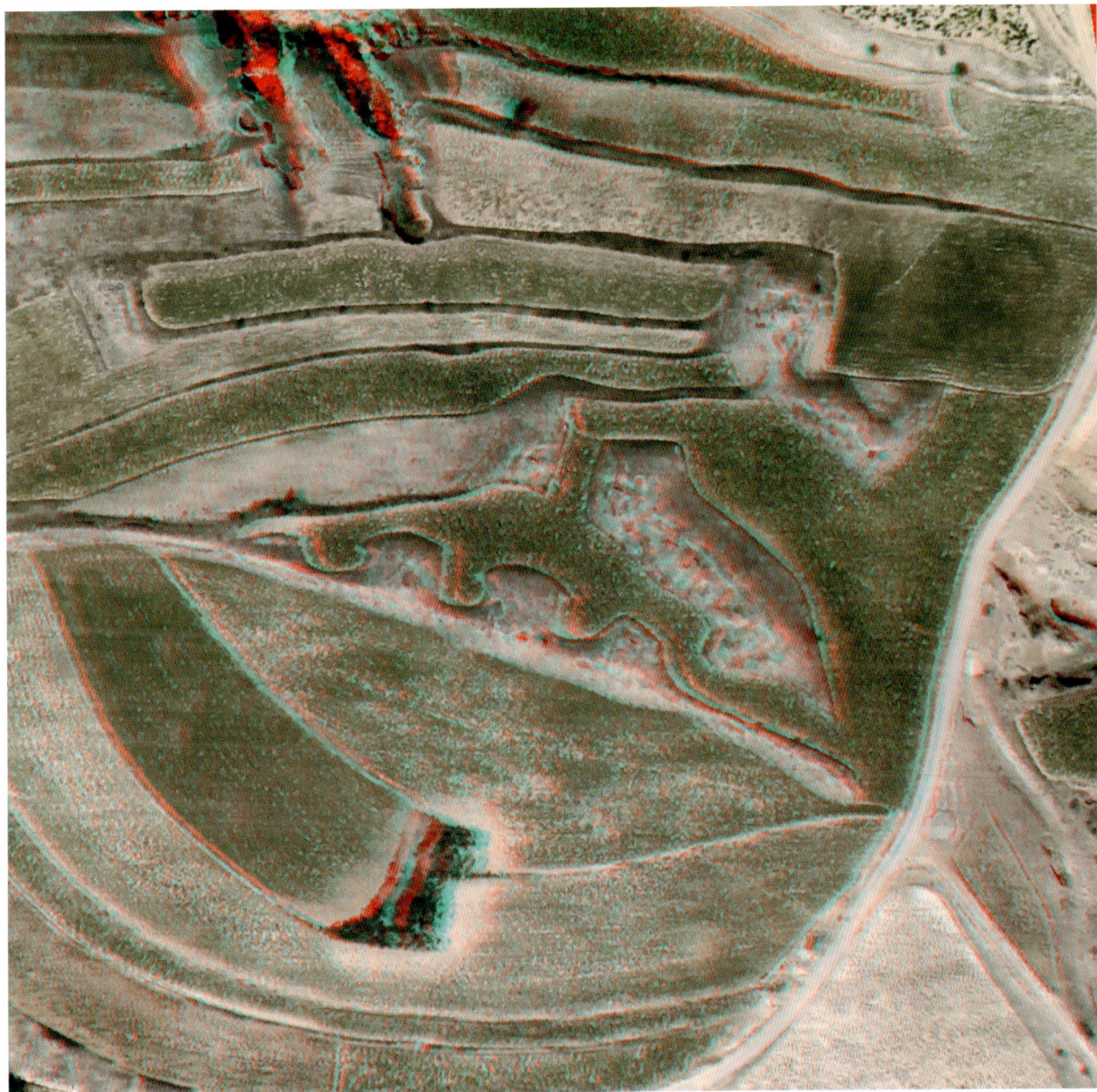

后城咀遗址-2城门三维视图 (05-278)

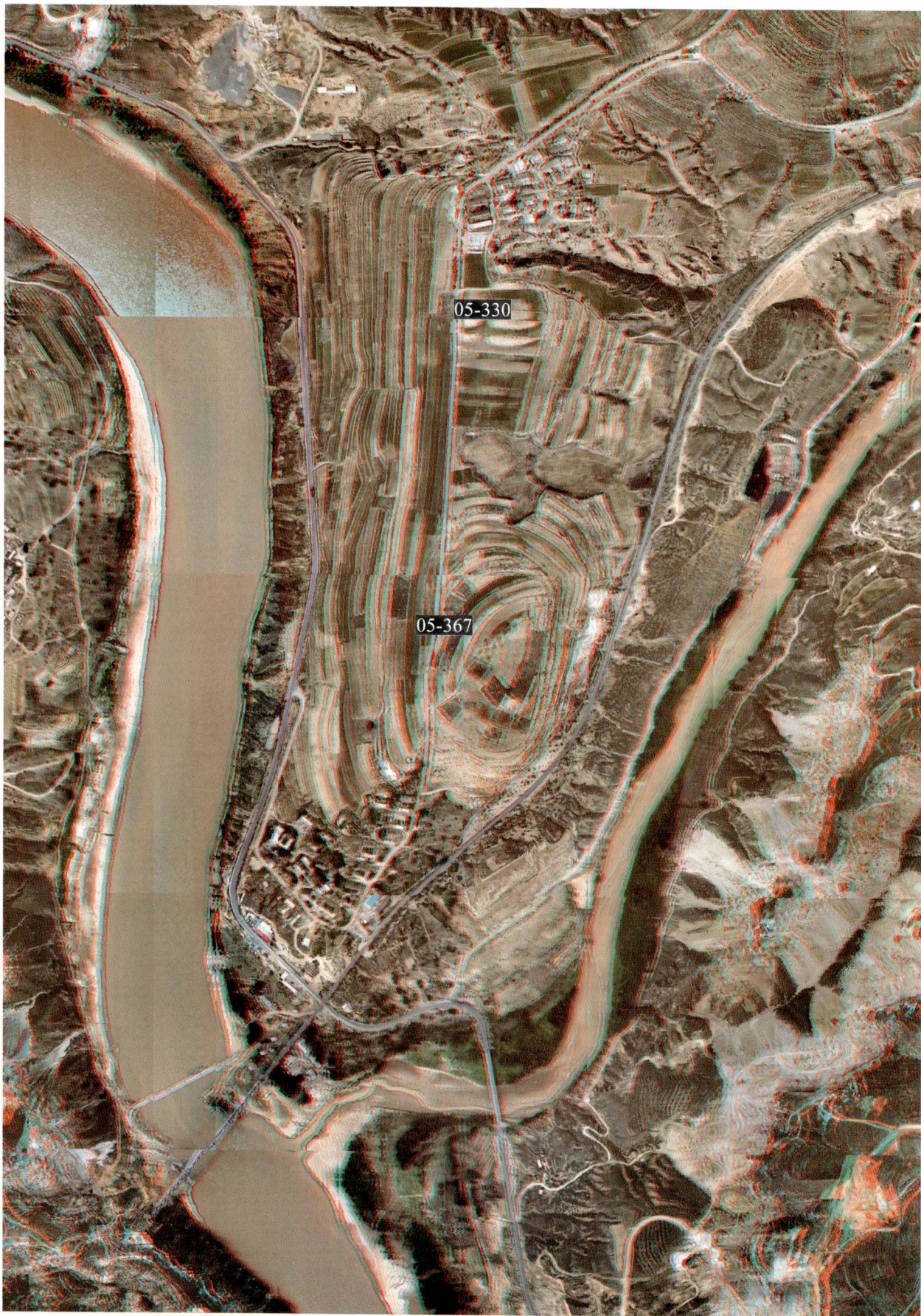

窑子上遗址-7、岔河口遗址-1三维视图（05-330、05-367）

下塔遗址—3三维视图（05—351）

下塔遗址—3城门三维视图 (05—351)

附表一　报告收录遗址点索引

编　号	遗址名称	文化属性	编　号	遗址名称	文化属性
04-001	庄窝坪遗址-1	鲁家坡一期遗存、庙子沟文化、阿善三期文化、朱开沟文化	04-086	铁驼塕遗址-1	庙子沟文化、阿善三期文化、朱开沟文化
04-009	四圪垯遗址-2	庙子沟文化、阿善三期文化	04-087	万家寨遗址-1	汉代
04-015	黄落城遗址-2	战国、汉代	04-090	小缸房遗址-3	庙子沟文化、阿善三期文化、永兴店文化、朱开沟文化、战国
04-018	贺家山遗址-2	阿善三期文化	04-092	南梁遗址-2	庙子沟文化
04-025	杨湾遗址-2	汉代	04-097	万家寨遗址-2	汉代
04-026	缸房坪遗址-1	汉代	04-101	城咀遗址-1	阿善三期文化、永兴店文化、朱开沟文化、战国
04-030	薛家梁遗址-1	庙子沟文化、阿善三期文化、朱开沟文化、汉代	04-102	城咀遗址-2	官地一期遗存、永兴店文化、战国
04-031	梁家圪旦遗址-1	庙子沟文化、朱开沟文化	04-103	城咀遗址-3	官地一期遗存、永兴店文化、战国
04-035	黑楞梁遗址-1	庙子沟文化、阿善三期文化	04-104	胶泥圪垯遗址-1	庙子沟文化、朱开沟文化、战国
04-039	缸房坪遗址-2	朱开沟文化	04-110	王落咀遗址-1	战国、汉代
04-042	八龙湾遗址-2	战国、汉代	04-112	朝天塙遗址-1	战国
04-044	下阳塔遗址-2	官地一期遗存	04-114	朝天塙遗址-3	战国、汉代
04-050	碓臼塙遗址-2	鲁家坡一期遗存、庙子沟文化、阿善三期文化、朱开沟文化	04-115	马次梁遗址-1	战国
04-052	下阳塔遗址-4	庙子沟文化、阿善三期文化、战国	04-126	刘四窑子遗址-1	战国、汉代
04-056	小偏头遗址-1	战国、汉代	04-132	下蒙家梁遗址-1	庙子沟文化、阿善三期文化、朱开沟文化、汉代
04-058	小偏头遗址-3	战国	04-135	上蒙家梁遗址-1	战国、汉代
04-059	小偏头遗址-4	汉代	04-140	下蒙家梁遗址-3	庙子沟文化、朱开沟文化、战国
04-061	下脑包遗址-2	鲁家坡一期遗存、庙子沟文化、永兴店文化、朱开沟文化	04-147	姑姑庵遗址-3	庙子沟文化
04-064	阳坡上遗址-2	庙子沟文化、阿善三期文化、朱开沟文化、战国	04-148	姑姑庵遗址-4	官地一期遗存、鲁家坡一期遗存、庙子沟文化、朱开沟文化、战国
04-066	下崰遗址-1	鲁家坡一期遗存、庙子沟文化、阿善三期文化、汉代	04-151	只几塙遗址-1	庙子沟文化、朱开沟文化、战国
04-067	下崰遗址-2	庙子沟文化	04-152	只几塙遗址-2	朱开沟文化
04-074	五娃圪旦遗址-1	官地一期遗存、庙子沟文化、阿善三期文化、战国	04-159	五七大学遗址-2	庙子沟文化、朱开沟文化、战国、汉代
04-077	小南塙遗址-1	鲁家坡一期遗存、庙子沟文化、朱开沟文化、战国	04-161	畔崰子谱址-1	庙子沟文化、朱开沟文化、汉代
04-083	羊路渠遗址-1	庙子沟文化、永兴店文化、朱开沟文化	04-162	畔崰子遗址-2	鲁家坡一期遗存、庙子沟文化、阿善三期文化、永兴店文化、朱开沟文化、战国
04-084	羊路渠遗址-2	鲁家坡一期遗存、庙子沟文化、阿善三期文化、朱开沟文化、战国	04-170	王三窑子遗址-3	官地一期遗存、鲁家坡一期遗存、庙子沟文化、朱开沟文化、战国

编　号	遗址名称	文化属性	编　号	遗址名称	文化属性
04-174	祁家沟遗址-1	庙子沟文化	05-233	石壁桥遗址-2	官地一期遗存、阿善三期文化、永兴店文化
04-178	新窑上遗址-2	庙子沟文化	05-241	小什犋牛梁遗址-3	战国、汉代
04-182	小庙子遗址-2	官地一期遗存、鲁家坡一期遗存、庙子沟文化、阿善三期文化、永兴店文化、战国	05-242	青草塔遗址-1	鲁家坡一期遗存、庙子沟文化、永兴店文化、朱开沟文化
04-184	庄窝坪遗址-7	战国	05-243	青草塔遗址-2	永兴店文化、战国
04-185	庄窝坪遗址-8	鲁家坡一期遗存、庙子沟文化、阿善三期文化、朱开沟文化	05-244	解放遗址-1	鲁家坡一期遗存、庙子沟文化、阿善三期文化、朱开沟文化、战国
04-195	贾家湾遗址-1	战国	05-249	解放遗址-3	庙子沟文化、永兴店文化、朱开沟文化、战国
04-196	八龙湾遗址-7	庙子沟文化	05-250	解放遗址-4	庙子沟文化、阿善三期文化、朱开沟文化、战国、汉代
04-199	王三窑子遗址-4	战国	05-251	常家河遗址-5	永兴店文化、汉代
05-201	大路圪旦遗址-1	庙子沟文化、阿善三期文化、永兴店文化、朱开沟文化	05-253	把兔沟遗址-2	鲁家坡一期遗存、庙子沟文化、永兴店文化、朱开沟文化
05-202	大路圪旦遗址-2	庙子沟文化、永兴店文化、战国	05-255	把兔沟遗址-4	阿善三期文化、永兴店文化、朱开沟文化
05-204	小窑上遗址-2	庙子沟文化、永兴店文化、朱开沟文化、战国	05-256	把兔沟遗址-5	鲁家坡一期遗存、汉代
05-205	槽牛营子遗址-1	庙子沟文化、阿善三期文化、朱开沟文化	05-257	南峁遗址-1	庙子沟文化、阿善三期文化、朱开沟文化
05-206	槽牛营子遗址-2	阿善三期文化	05-258	南峁遗址-2	鲁家坡一期遗存、庙子沟文化、阿善三期文化、战国
05-210	牛龙湾遗址-1	阿善三期文化	05-259	大石塔遗址-1	战国、汉代
05-211	牛龙湾遗址-2	朱开沟文化	05-260	后石畔遗址-1	鲁家坡一期遗存、阿善三期文化、战国
05-212	柳树渠遗址-1	朱开沟文化	05-262	后石畔遗址-3	鲁家坡一期遗存、庙子沟文化、战国
05-219	柳树渠遗址-4	庙子沟文化、战国	05-263	后石畔遗址-4	鲁家坡一期遗存、永兴店文化、战国
05-221	贾窑圪旦遗址-1	庙子沟文化、阿善三期文化、朱开沟文化	05-264	言正子遗址-1	鲁家坡一期遗存、庙子沟文化、永兴店文化、朱开沟文化、战国、汉代
05-222	贾窑圪旦遗址-2	阿善三期文化	05-273	胶泥圪垴遗址-1	阿善三期文化、朱开沟文化
05-223	贾窑圪旦遗址-3	朱开沟文化	05-277	后城咀遗址-1	永兴店文化、战国
05-225	荒地遗址-1	阿善三期文化、永兴店文化、战国	05-278	后城咀遗址-2	庙子沟文化、永兴店文化
05-227	荒地遗址-3	官地一期遗存、阿善三期文化、朱开沟文化	05-290	印牛咀遗址-1	鲁家坡一期遗存、庙子沟文化、永兴店文化、朱开沟文化、汉代
05-228	荒地遗址-4	鲁家坡一期遗存、阿善三期文化、朱开沟文化	05-291	井路咀遗址-1	鲁家坡一期遗存
05-229	荒地遗址-5	朱开沟文化、战国	05-292	井路咀遗址-2	庙子沟文化、阿善三期文化、永兴店文化、朱开沟文化、战国
05-231	马家圪旦遗址-1	永兴店文化	05-297	小偏头遗址-1	永兴店文化

续附表一

编　号	遗址名称	文化属性	编　号	遗址名称	文化属性
05-298	小偏头遗址-2	汉代	05-335	石畔遗址-3	庙子沟文化、永兴店文化、战国、汉代
05-300	大峁梁遗址-2	官地一期遗存、鲁家坡一期遗存、庙子沟文化	05-337	卢子梁遗址-1	朱开沟文化
05-301	大峁梁遗址-3	庙子沟文化、阿善三期文化	05-339	酒铺塔遗址-1	庙子沟文化、朱开沟文化、汉代
05-314	后河遗址-1	鲁家坡一期遗存、庙子沟文化、永兴店文化、朱开沟文化、战国	05-340	酒铺塔遗址-2	官地一期遗存、永兴店文化、朱开沟文化
05-317	后河遗址-3	鲁家坡一期遗存、朱开沟文化、战国	05-343	酒铺塔遗址-5	鲁家坡一期遗存、庙子沟文化、战国
05-323	火烧塔遗址-2	阿善三期文化	05-351	下塔遗址-3	庙子沟文化、阿善三期文化、战国
05-325	窑子上遗址-2	阿善三期文化、朱开沟文化、汉代	05-353	栅稍塔遗址-2	鲁家坡一期遗存、庙子沟文化、永兴店文化、战国
05-327	窑子上遗址-4	庙子沟文化、战国	05-354	栅稍塔遗址-3	庙子沟文化、阿善三期文化、永兴店文化
05-330	窑子上遗址-7	庙子沟文化、阿善三期文化、战国	05-364	二道塔遗址-1	战国、汉代
05-334	石畔遗址-2	庙子沟文化、战国	05-367	岔河口遗址	鲁家坡一期遗存、阿善三期文化

附表二　　本区域文化序列与中原地区文化序列对应表

本区域文化序列	中原地区文化序列
官地一期遗存	仰韶早期
鲁家坡一期遗存	仰韶中期
庙子沟文化	仰韶晚期
阿善三期文化	仰韶晚期—龙山早期
永兴店文化	龙山晚期
朱开沟文化	夏商

无人机航测遥感技术在浑河下游航空摄影考古中的应用

丁晓波　孙晓峰　李英成／中测新图(北京)遥感技术有限责任公司

　　2010年8月，受中国国家博物馆和内蒙古自治区文物考古研究所委托，中测新图（北京）遥感技术有限公司承担了浑河局部地区（清水河县辖区内）无人机航测遥感考古任务。航摄设计成图比例尺1∶2000，面积像片重叠度航向70%，旁向重叠度为50%，地面分辨率0.2米，相对航高750米，航摄面积380平方公里。建立了全区域连续三维立体模型系统，实现了无缝漫游与立体量测、专题符号标准分析等功能。

一、无人机航测遥感系统简介

　　无人机低空航测遥感系统是由固定翼无人机飞行平台（含自动驾驶仪、面阵数码相机及其稳定云台）、地面监控站、运输车、全流程作业软件构成。系统搭载两千万像素以上面阵数码相机和自动旋偏修正云台，以快速获取大比例尺真彩色航空影像，满足小区域航空摄影测量为目的。具备机动、高精度、低成本等优势，能实现困难区域测绘，可用于数字城市建设、灾害应急与处理、水环境监测、重大工程建设、土地监测及新农村建设规划等大比例尺航空摄影测量。本文所述技术内容是无人机航测遥感系统新技术首次在浑河流域考古中应用。

　　ZC-1型无人机（图一）的主要技术参数如下（表一）：

表一　ZC-1型无人机的主要技术参数

项　目	指标参数
机长	2050 mm
翼展	2500 mm
起降距离	起飞15 m，降落40 m
最大起飞重量	18 kg
巡航速度	80～130 km/h
续航时间	2.5 h
燃油	93#汽油＋2T(fc)机油
有效载荷	5 kg
监控半径	20km

二、无人机航测遥感系统用于考古的关键技术

1. 小型数码相机精确标定

小型民用数码相机用于航空摄影测量存在几何结构不稳固、无几何标定参数等问题。本项目设计了稳定的几何结构，能够在无人机航测遥感飞行的过载和振动环境下稳定工作。通过提高检校场深度比、布设人工标志以及研究拍摄方式消除内方位元素相关性等技术方法，提高了标定参数的收敛精度。通过大量的精度验证实验，获得了稳定解（图二）。相机标定中误差达到 0.8～1.3 微米，满足了高精度摄影测量技术用于考古分析观测的需要。

2. 无人机航测遥感系统数字影像畸变差改正技术

研制基于影像纠正的畸变差改正软件，通过 LUT 查找表算法，增加已知点密度的办法回避了畸变差方程高次项线性化的问题，提高了计算速度和精度，解决了根据数码相机的精确标定参数精确纠正原始影像的技术，实现了无畸变差影像的快速生成输出。

（a）加固结构

（b）稳定性检测

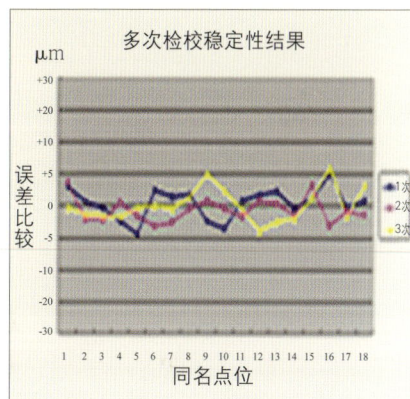

（c）拍摄方式

图二 数码相机精确几何标定示意图

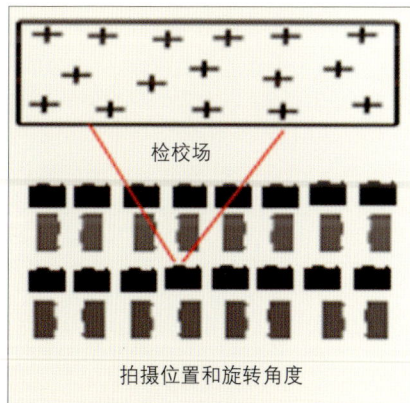

图一 ZC-1型无人机

3. 快速连续模型立体显示与解译技术

研制了快速连续模型立体显示与解译系统（图三、四），通过对无人机航测遥感系统影像数据的加密成果进行解析，实现影像内外方位元素、航带航片号等数据的快速组织整理；通过构建影像金字塔和组织显示系统缓存等技术，解决了 Tb 数量级立体影像的调度显示；通过建立立体符号库及分层显示技术，实现立体符号的标注；根据外方位元素及像方同名点坐标，利用前方交会算法，计算物方坐标，实现立体量测；解决了快速连续模型立体显示与解译技术。为古迹点摄区场景的快速显示、信息解译、分析评估提供了高效的可视化工具，创立了遥感考古服务的新产品和新模式，满足了考古专业技术人员对古迹点三维信息的迫切需求。

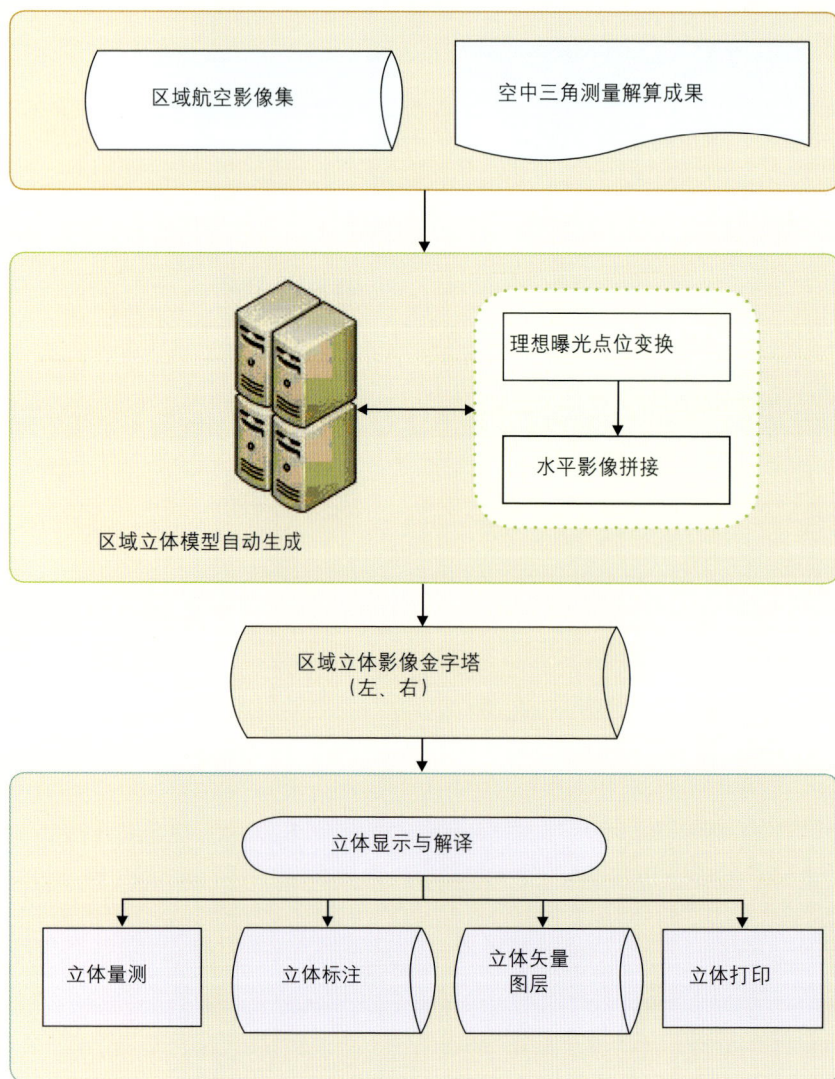

图三　快速连续立体模型构建及解译数据流程图

三、浑河下游航空摄影考古执行情况

1. 摄区概况

清水河县位于内蒙古南部，考古测区面积 380 平方公里，丘陵低山多草原，平均海拔 1100 米。

内蒙古清水河县域属北京军区空军管辖范围，摄区困难类别为 II 类地区。起降场地分别选择清水河内两个较为平坦的草原上作为起飞场地（图五）。

2. 航摄仪类型及技术参数

航摄仪：佳能 5Dmark II 数码相机

焦距：24.4972mm

相幅大小：5616×3744（像素）

像元分辨率：6.4μm

提交几何检校报告，含相机径向、切向、正形畸变方程。

3. 航摄设计情况

（1）设计地面分辨率

根据合同要求，摄区成图比例尺为 1∶2000，设计的地面分辨率为 0.2 米。

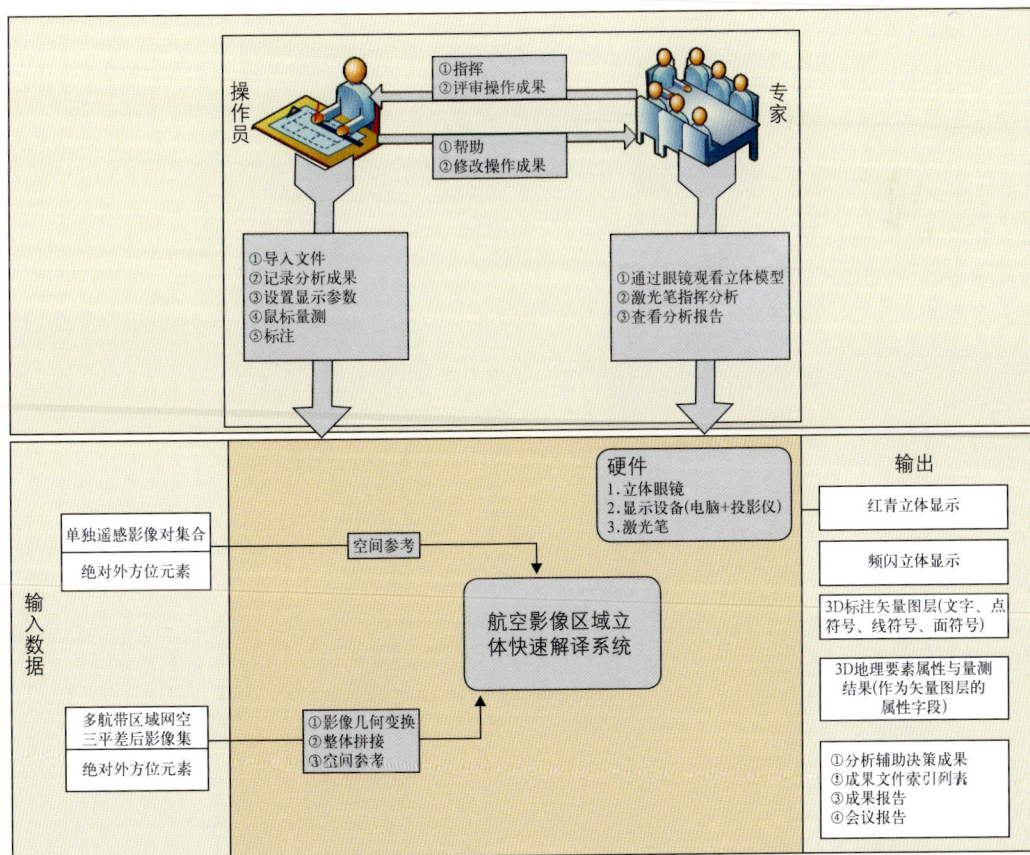

图四　快速连续立体模型构建及解译应用流程图

（2）设计航向和旁向重叠

根据合同要求航片航向重叠度不小于60%，旁向重叠度不小于30%，考虑到无人机在飞行中受风的影响，存在一定的偏航距，本次设计的航向重叠度为70%，旁向重叠度为50%。

（3）摄区分区情况

由于本次摄区为380平方公里，面积较大，根据地形起伏要求分为5个分区，以方便无人机作业。

4．项目完成时间（表二）

表二　航摄完成时间表

地　区	航飞区块	航片数	航摄完成	处理完成
浑河地区	1	364	2010.7.12	2010.8.10
浑河地区	2	364	2010.7.18	2010.8.10
浑河地区	3	891	2010.8.4	2010.8.10
浑河地区	4	891	2010.8.5	2010.8.10
浑河地区	5	810	2010.8.8	2010.8.10

图五　摄区范围略图（黄点区域所示为作业区域）

四、航空影像区域立体快速解译系统（TOPStereo）

该系统推广了航空遥感测绘界经典的基于单独像对的立体测图模型，成功实现了对大范围多航带立体模型的整体连接，使"立体测图"测绘技术演变成为一种新型的客观真实地形展示技术，从而能够满足文物考古部门对真实三维地理数据的强烈需求。

1. 连续立体模型浏览

TOPStereo（图六）使用一种概略模型对整个航摄区域进行统一规划，使得所有立体模型能够在规划区域内保持视觉上的连续，同时，在该模型上仍然能够高精度量测。从而极大的方便了用户对大范围区域的整体观察分析，以及大范围内的量算。

2. 单模型观测

单独模型与传统摄影测量软件基于单独像对的测量一致，以核线影像对为基础，从而保证了量算精度与空三加密精度一致。在单独模型下用户能够观察到最好的立体效果，同时也能得到最高的量测精度。

3. 立体量测

TOPStereo 系统拥有强大的立体量测功能，以同名点的空间前方交会为基本原理，能够完成点、线、面、规则与不规则体积的量测。量算成果能够直接或者间接为用户服务。

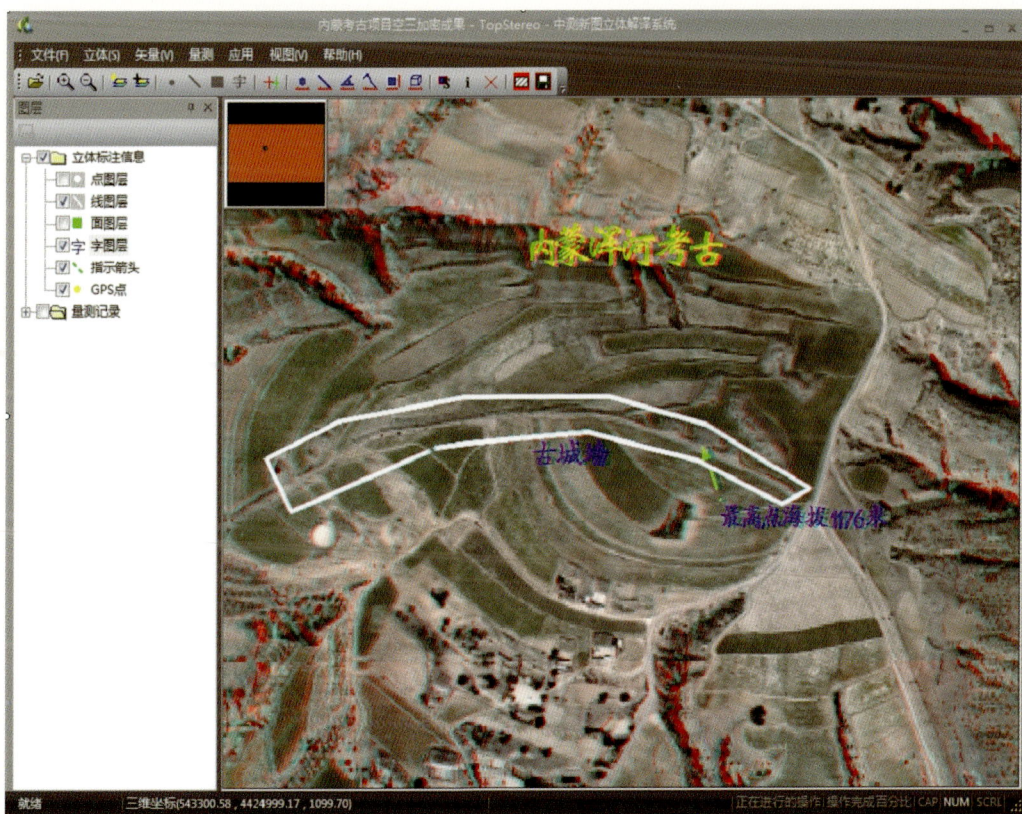

图六　TOPStereo立体解译系统界面

4. 符号标注与应用功能

TOPStereo 提供三维空间的点、线、面标注功能，文物考古部门可以根据自己需要扩展标注符号，支持 shp 文件的三维矢量数据导入与导出。同时系统提供了沿路径漫游、红青立体图片导出、GPS 点定位等具体应用功能。

五、主要经验和结论

无人机主要在 300～1200 米低空飞行作业，受云朵影响较少，可以在阴天工作，大大增加了空中作业时间段，加快了数据采集速度，提高了遥感系统的机动性和灵活性。在考古应用中，无人机低空数码遥感系统作为一种新技术，具有成本低廉、安全性好、操作灵活的特点。搭配两千万像素级佳能 5Dmark Ⅱ 数码相机，影像质量好、地面分辨率高、采集速度快。自带自主研发的 GPS 辅助自动导航和航摄控制系统，以及连续立体模型观测解译系统等新技术得到充分检验。通过此次航摄工作，无人机低空数码遥感系统再次经受住了实践的考验，顺利地完成了 1∶2000 成图比例尺的数字航空摄影，成功实现和建立了连续立体模型观测解译系统辅助考古专业技术人员分析，开启了无人机应用于考古工作的新篇章。

六、未来发展展望

无人机航测遥感系统的发展，重点解决自动操作技术，尽量简便智能化，有利于在考古（非航空测绘）部门推广应用。另外考古部门可以通过技术合作更进一步发掘无人机航测遥感技术在考古领域的应用潜能。

以立体像对为基础的 TOPStereo 系统未来的发展方向大致可以总结为以下三个方面：

（1）区域立体模型优化，改进显示技术，使模型接边更自然合理，维持高精度的同时提高视觉效果。

（2）探索新型数字产品思路，整体区域立体影像是一种有特色和实用性的数据形式，在此基础上做进一步研究，争取推出一种新型的数字产品。

（3）系统功能和应用的扩展，目前系统主要完成了基本量算和标注功能，针对于灾害应急和数据展示两个基本应用。在探索应用领域的同时，扩展相应的功能，完善考古专题矢量符号库等。

后 记

《浑河下游航空摄影考古报告》编写完成了，心中有几分喜悦，也有几分忐忑。按照惯例，总要写点什么，交代一下前世今生。曹建恩兄把这个任务交给了我，我就简单谈谈事情的经过和个人的一些感受。

中国的航空考古起步于20世纪末，到现在也仅仅只有不到20的时间。在这短短的时间中，航空考古从无到有，从稚嫩到逐渐成长，取得的成绩是可喜的。我作为一名从事航空考古的专业人员，大致经历了这一过程。记得1997年在内蒙古东南部航空考古中，当我第一次从空中俯瞰元上都等遗址，城中的种种遗迹清晰地呈现在我们眼前，那一刻历史仿佛凝固了。那种喜悦真是难以言表。时至今日，我们当年的工作成果在元上都等地的旅游、大遗址保护、乃至世界文化遗产的申报中都能发挥一些作用，也是一件值得欣慰的事情。不过，在已经进行的数次航空考古中，我始终觉得有几点遗憾。第一就是我们的勘察对象是已有的发现，我们的贡献大致是锦上添花；第二我们的工作基本上都是点对点跳跃式的，没有针对某一特定区域进行全面的勘察。后来，听曹建恩兄提起他承担的一项国家社科基金西部项目"浑河下游地区区域考古调查"，涉及区域包括黄河、浑河、清水河三级河流交汇地区，总面积约280平方公里。他们进行了详细的地面考古调查，对部分遗址进行了发掘，对这一区域不同时期遗址的数量、分布有了详细的了解。那时我就想能否对这一地区进行一次全面的航空考古勘察，一来该区域面积适中，航拍难度不大，经费也可以承受；二来根据以往的工作经验，航空考古对土遗址的勘察效果不好。如果我们进行一次全面的航拍，就可以和地面考古调查、发掘的成果详细比对，看能否找到一些规律性的东西，为将来在相似地区开展工作建立一套航空考古的成果解译标准。我把自己的想法先后和国家博物馆分管考古的张威副馆长、综合考古部的杨林主任及内蒙古自治区文物考古研究所原所长、现内蒙古博物院院长塔拉、内蒙古自治区文物考古研究所陈永志所长等进行了交流，他们都很支持，认为值得尝试，并对具体的计划提出了一些很好的指导意见。2010年，内蒙古浑河下游航空摄影考古正式立项并落实了相关经费。项目由中国国家博物馆与内蒙古自治区文物考古研究所合作，雷生霖、曹建恩主持实施和报告编写。

2010年7月，我们委托中测新图（北京）遥感技术有限责任公司，采用无人机低空数码航摄系统进行了1∶2000成图比例尺数字航空摄影，共拍摄数字航片3300余张。同时对所获原始影像进行了立体解译。整个项目的实施总体顺利。

报告的编写始于2011年3月，首要工作是航片的初选。我们对所有航片一一过目，最终从所有遗址（共367处）航片中挑选了约三分之一强，挑选的标准基本兼顾遗址的时代和重要性、代表性。对部分重点遗址，我们同时配发了三维影像，以便大家对遗址的自然环境、遗迹现象等有一些直观的认识。由于遗址数量较多，为方便起见，报告基本上按遗址编号由小到大的顺序排列。此外，我们特邀请中测新图的丁晓波等撰写了《无人机航测遥感技术在浑河下游航空摄影考古中的应用》一文收在报告中，以便大家从另一角度了解此次工作。

书接上文，我提到的心情有几分忐忑是真实的想法。虽然根据以往经验，航空考古技术对土遗址的勘察效果不好，但我们还是抱有较大的期望，结果却令我们多少有些失望。分析其中的原因，除航空考古技术本身的局限外，也与当地的自然环境有直接关系。该区域属于内蒙古高原丘陵地带，水土流失严重，沟壑纵横，地形破碎，遗址面积通常较小。同时当地气候较为干旱，农作物长势不好。虽然我们将工作时间选在植被条件相对较好的七月份，但情况还是不太理想。而且当地种植的主要是玉米、土豆、莜麦等作物，前二者的植被状况本身不佳，多少影响了通过植被标志寻找地下遗迹的效果。其次，由于水平所限，我们对航片上一些可疑迹象的标注可能并不准确、甚至是错误的。不过我们的初衷是尽量多的提供原始资料供大家研究，至于我们的研究则是初步的，只是起到抛砖引玉的作用，也希望在今后的考古调查或发掘中能得到验证。最后，由于我们经验不足，考虑不周，飞行高度不够，对一些大型遗址如石城未能获取单张完整的影像。在当前技术条件下，直接影响了后期遗址的三维影像效果，这不能不说是个不小的遗憾。

中国国家博物馆雷生霖、李嵘，内蒙古自治区文物考古研究所曹建恩、孙金松、党郁、杨小勇参加了航拍工作。参加报告编写的有雷生霖、曹建恩、李嵘、孙金松、党郁。航片的初步挑选工作主要由雷生霖、孙金松承担。孙金松还负责航片的拼接等，这是一项需要耐心、细心、辛苦的工作。遗址的介绍、航片的解译等文字由雷生霖、党郁负责。杨林主任审阅了书稿，全书最后由雷生霖、曹建恩审定。

最后，我想特别说明一点。自1997年开展内蒙古东南部航空考古以来，在短短的十几年时间，内蒙古自治区已经先后进行了5次航空考古工作。这其中既有内蒙古东南部、中部、西部等大区域的工作，也有秦直道、浑河下游航空考古这样规模较小、专题性的工作。在长期的合作中，我和内蒙古考古界的许多老师、同仁结下了深厚的友谊。每次来内蒙古，都会留下美好的回忆。在这次报告整理过程中，塔拉院长专程到老虎山工作站指导报告的编写，慰劳参加报告编写的人员。大家把酒畅谈，快意尽兴。每念及此，心中常怀感念之情。

2011年3月，报告初稿编写完成。2011年11月末，参加报告编写的人员再次集中，对报告进行了最后的修改。记得3月初来内蒙古的时候，正赶上去冬的最后一场雪，屋顶上的积雪滴答消融，春天的气息仿佛扑面而来。岁末离开内蒙古的时候，又赶上了一场小雪，在雨雪霏霏中离开的时候，心中兀自生出些许感慨。可惜心钝言拙，难以表述。

最后的最后，2012年适逢中国国家博物馆建馆100周年。对个人而言，百岁是一个梦想。对国博而言，也许只是一个新的开端。我们身处其中，经历了国博的种种变化，也衷心希望国博的明天更加美好。我也愿意把这一报告作为一份微薄的礼物，献给国博百年诞辰。

雷生霖

2011年岁末于内蒙古自治区文物考古研究所老虎山工作站

ABSTRACT

The lower reach of Hunhe River located in the south of the middle Inner Mongolia Autonomous Region is a unique geographic unit with three-hierarchy river system composed of the Yellow River, Hunhe River and Qingshuihe River. Considering the statuses of the archaeological discoveries and researches on this region, in 2010, Remote Sensing and Aerial Photographic Archaeological Research Center of National Museum of China and Inner Mongolia Institute of Cultural Relics and Archaeology conducted a full-cover aerial photographic archaeological survey to the lower reach of Hunhe River to observe the distribution of archaeological remains from a macroscopic angle, which got intuitive understandings to the geographic environments of the remains related to human activities in different periods, such as the layouts of some large-scale stone cities and their relationships with the surrounding areas, the lives and communications of the people in the remains of the settlements and cities and the catchments to the remains in the nearby areas. This aerial photographic archaeological survey is a brand-new attempt based on the ground survey; it provided large amounts of intuitive image data and new way of thinking and direction for regional archaeological surveys.

This report selected and published aerial photographs of the representative sites of different periods from the results of this aerial photographic archaeological survey, analyzed the cultural attributions and geographic features of these sites, and published about 40 three-dimensional images for the researchers to have more direct understandings to the topographies, geomorphologic and distributing features of the sites in the lower reach of Hunhe River, all of which are significantly meaningful for the improvement of the archaeological researches on the sites from pre-Qin period to the Western and Eastern Han Dynasties in this region.